BERESHIT

LE LIVRE DE LA GENÈSE

Traduction par
ZADOC KAHN

TABLE DES MATIÈRES

Chapitre 1	1
Chapitre 2	4
Chapitre 3	7
Chapitre 4	10
Chapitre 5	13
Chapitre 6	16
Chapitre 7	19
Chapitre 8	22
Chapitre 9	25
Chapitre 10	28
Chapitre 11	31
Chapitre 12	34
Chapitre 13	37
Chapitre 14	39
Chapitre 15	42
Chapitre 16	45
Chapitre 17	47
Chapitre 18	50
Chapitre 19	54
Chapitre 20	58
Chapitre 21	61
Chapitre 22	65
Chapitre 23	68
Chapitre 24	71
Chapitre 25	78
Chapitre 26	81
Chapitre 27	85
Chapitre 28	90
Chapitre 29	93
Chapitre 30	97
Chapitre 31	101

Chapitre 32 107
Chapitre 33 111
Chapitre 34 114
Chapitre 35 118
Chapitre 36 121
Chapitre 37 125
Chapitre 38 129
Chapitre 39 133
Chapitre 40 136
Chapitre 41 139
Chapitre 42 145
Chapitre 43 149
Chapitre 44 153
Chapitre 45 157
Chapitre 46 161
Chapitre 47 164
Chapitre 48 168
Chapitre 49 171
Chapitre 50 175

CHAPITRE UN

Au commencement, Dieu créa le ciel et la terre.

2 Or la terre n'était que solitude et chaos ; des ténèbres couvraient la face de l'abîme, et le souffle de Dieu planait à la surface des eaux.

3 Dieu dit : "Que la lumière soit !" Et la lumière fut.

4 Dieu considéra que la lumière était bonne, et il établit une distinction entre la lumière et les ténèbres.

5 Dieu appela la lumière jour, et les ténèbres, il les appela Nuit. Il fut soir, il fut matin, un jour.

6 Dieu dit : "Qu'un espace s'étende au milieu des eaux, et forme une barrière entre les unes et les autres."

7 Dieu fit l'espace, opéra une séparation entre les eaux qui sont au-dessous et les eaux qui sont au-dessus, et cela demeura ainsi.

8 Dieu nomma cet espace le Ciel. Le soir se fit, le matin se fit, — second jour.

9 Dieu dit : "Que les eaux répandues sous le ciel se réunissent

sur un même point, et que le sol apparaisse." Cela s'accomplit.

10 Dieu nomma le sol la Terre, et l'agglomération des eaux, il la nomma les Mers. Et Dieu considéra que c'était bien.

11 Dieu dit : "Que la terre produise des végétaux, savoir : des herbes renfermant une semence ; des arbres fruitiers portant, selon leur espèce, un fruit qui perpétue sa semence sur la terre." Et cela s'accomplit.

12 La terre donna naissance aux végétaux : aux herbes qui développent leur semence selon leur espèce, et aux arbres portant, selon leur espèce, un fruit qui renferme sa semence. Et Dieu considéra que c'était bien.

13 Le soir se fit, le matin se fit, — troisième jour.

14 Dieu dit : "Que des corps lumineux apparaissent dans l'espace des cieux, pour distinguer entre le jour et la nuit ; ils serviront de signes pour les saisons, pour les jours, pour les années ;

15 et ils serviront de luminaires, dans l'espace céleste, pour éclairer la terre." Et cela s'accomplit.

16 Dieu fit les deux grands luminaires : le plus grand luminaire pour la royauté du jour, le plus petit luminaire pour la royauté de la nuit, et aussi les étoiles.

17 Et Dieu les plaça dans l'espace céleste pour rayonner sur la terre ;

18 pour régner le jour et la nuit, et pour séparer la lumière des ténèbres. Dieu considéra que c'était bien.

19 Le soir se fit, le matin se fit, — quatrième jour.

20 Dieu dit : "Que les eaux fourmillent d'une multitude animée, vivante ; et que des oiseaux volent au dessus de ta terre, à travers l'espace des cieux."

21 Dieu créa les cétacés énormes, et tous les êtres animés qui se meuvent dans les eaux, où ils pullulèrent selon leurs espèces,

puis tout ce qui vole au moyen d'ailes, selon son espèce ; et Dieu considéra que c'était bien.

22 Dieu les bénit en disant : Croissez et multipliez remplissez les eaux, habitants des mers oiseaux, multipliez sur la terre !"

23 Le soir se fit, le matin se fit, — cinquième jour.

24 Dieu dit : "Que la terre produise des êtres animés selon leurs espèces : bétail, reptiles, bêtes sauvages de chaque sorte." Et cela s'accomplit.

25 Dieu forma les bêtes sauvages selon leurs espèces, de même les animaux qui paissent, de même ceux qui rampent sur le sol. Et Dieu considéra que c'était bien.

26 Dieu dit : "Faisons l'homme à notre image, à notre ressemblance, et qu'il domine sur les poissons de la mer, sur les oiseaux du ciel, sur le bétail ; enfin sur toute la terre, et sur tous les êtres qui s'y meuvent.

27 Dieu créa l'homme à son image ; c'est à l'image de Dieu qu'il le créa. Mâle et femelle furent créés à la fois.

28 Dieu les bénit en leur disant "Croissez et multipliez ! Remplissez la terre et soumettez-la ! Commandez aux poissons de la mer, aux oiseaux du ciel, à tous les animaux qui se meuvent sur la terre !

29 Dieu ajouta : "Or, je vous accorde tout herbage portant graine, sur toute la face de la terre, et tout arbre portant des fruits qui deviendront arbres par le développement du germe. Ils serviront à votre nourriture.

30 Et aux animaux sauvages, à tous les oiseaux du ciel, à tout ce qui se meut sur la terre et possède un principe de vie, j'assigne toute verdure végétale pour nourriture." Et il en fut ainsi.

31 Dieu examina tout ce qu'il avait fait c'était éminemment bien. Le soir se fit, puis le matin ; ce fut le sixième jour.

CHAPITRE DEUX

Ainsi furent terminés les cieux et la terre, avec tout ce qu'ils renferment.

2 Dieu mit fin, le septième jour, à l'œuvre faite par lui ; et il se reposa, le septième jour, de toute l'œuvre qu'il avait faite.

3 Dieu bénit le septième jour et le proclama saint, parce qu'en ce jour il se reposa de l'œuvre entière qu'il avait produite et organisée.

4 Telles sont les origines du ciel et de la terre, lorsqu'ils furent créés ; à l'époque où l'Éternel-Dieu fit une terre et un ciel.

5 Or, aucun produit des champs ne paraissait encore sur la terre, et aucune herbe des champs ne poussait encore ; car l'Éternel-Dieu n'avait pas fait pleuvoir sur la terre, et d'homme, il n'y en avait point pour cultiver la terre.

6 Mais une exhalaison s'élevait de la terre et humectait toute la surface du sol.

7 L'Éternel-Dieu façonna l'homme, — poussière détachée du

sol, — fit pénétrer dans ses narines un souffle de vie, et l'homme devint un être vivant.

8 L'Éternel-Dieu planta un jardin en Éden, vers l'orient, et y plaça l'homme qu'il avait façonné.

9 L'Éternel-Dieu fit surgir du sol toute espèce d'arbres, beaux à voir et propres à la nourriture ; et l'arbre de vie au milieu du jardin, avec l'arbre de la science du bien et du mal.

10 Un fleuve sortait d'Éden pour arroser le jardin ; de là il se divisait et formait quatre bras.

11 Le nom du premier : Pichon ; c'est celui qui coule tout autour du pays de Havila, où se trouve l'or.

12 L'or de ce pays-là est bon ; là aussi le bdellium et la pierre de chôham.

13 Le nom du deuxième fleuve : Ghihôn ; c'est lui qui coule tout autour du pays de Kouch.

14 Le nom du troisième fleuve : Hiddékel ; c'est celui qui coule à l'orient d'Assur ; et le quatrième fleuve était l'Euphrate.

15 L'Éternel-Dieu prit donc l'homme et l'établit dans le jardin d'Eden pour le cultiver et le soigner.

16 L'Éternel-Dieu donna un ordre à l'homme, en disant : "Tous les arbres du jardin, tu peux t'en nourrir ;

17 mais l'arbre de la science du bien et du mal, tu n'en mangeras point : car du jour où tu en mangeras, tu dois mourir !"

18 L'Éternel-Dieu dit : "Il n'est pas bon que l'homme soit isolé ; je lui ferai une aide digne de lui."

19 L'Éternel-Dieu avait formé de matière terrestre tous les animaux des champs et tous les oiseaux du ciel. Il les amena devant l'homme pour qu'il avisât à les nommer ; et telle chaque espèce animée serait nommée par l'homme, tel serait son nom.

20 L'homme imposa des noms à tous les animaux qui

paissent, aux oiseaux du ciel, à toutes les bêtes sauvages ; mais pour lui-même, il ne trouva pas de compagne qui lui fût assortie.

21 L'Éternel-Dieu fit peser une torpeur sur l'Homme, qui s'endormi ; il prit une de ses côtes, et forma un tissu de chair à la place.

22 L'Éternel-Dieu organisa en une femme la côte qu'il avait prise à l'homme, et il la présenta à l'homme.

23 Et l'homme dit : "Celle-ci, pour le coup, est un membre extrait de mes membres et une chair de ma chair ; celle-ci sera nommée Icha, parce qu'elle a été prise de Ich."

24 C'est pourquoi l'homme abandonne son père et sa mère ; il s'unit à sa femme, et ils deviennent une seule chair.

25 Or ils étaient tous deux nus, l'homme et sa femme, et ils n'en éprouvaient point de honte.

CHAPITRE TROIS

Mais le serpent était rusé, plus qu'aucun des animaux terrestres qu'avait faits l'Éternel-Dieu. Il dit à la femme : "Est-il vrai que Dieu a dit : vous ne mangerez rien de tous les arbres du jardin ?"

2 La femme répondit au serpent : "Les fruits des arbres du jardin, nous pouvons en manger ;

3 mais quant au fruit de l'arbre qui est au milieu du jardin, Dieu a dit : Vous n'en mangerez pas, vous n'y toucherez point, sous peine de mourir."

4 Le serpent dit à la femme : "Non, vous ne mourrez point ;

5 mais Dieu sait que, du jour où vous en mangerez, vos yeux seront dessillés, et vous serez comme Dieu, connaissant le bien et le mal."

6 La femme jugea que l'arbre était bon comme nourriture, qu'il était attrayant à la vue et précieux pour l'intelligence ; elle cueillit de son fruit et en mangea ; puis en donna à son époux, et il mangea.

7 Leurs yeux à tous deux se dessillèrent, et ils connurent qu'ils étaient nus ; ils cousirent ensemble des feuilles de figuier, et s'en firent des pagnes.

8 Ils entendirent la voix de l'Éternel-Dieu, parcourant le jardin du côté d'où vient le jour. L'homme et sa compagne se cachèrent de la face de l'Éternel-Dieu, parmi les arbres du jardin.

9 L'Éternel-Dieu appela l'homme, et lui dit : "Où es-tu ?"

10 Il répondit : "J'ai entendu ta voix dans le jardin ; j'ai eu peur, parce que je suis nu, et je me suis caché."

11 Alors il dit : "Qui t'a appris que tu étais nu ? Cet arbre dont je t'avais défendu de manger, tu en as donc mangé ?"

12 L'homme répondit ; "La femme — que tu m'as associée — c'est elle qui m'a donné du fruit de l'arbre, et j'ai mangé,"

13 L'Éternel-Dieu dit à la femme : "Pourquoi as-tu fait cela ?" La femme répondit : "Le serpent m'a entraînée, et j'ai mangé."

14 L'Éternel-Dieu dit au serpent "Parce que tu as fait cela, tu es maudit entre tous les animaux et entre toutes les créatures terrestres : tu te traîneras sur le ventre, et tu te nourriras de poussière tous les jours de ta vie.

15 Je ferai régner la haine entre toi et la femme, entre ta postérité et la sienne : celle-ci te visera à la tête, et toi, tu l'attaqueras au talon."

16 A la femme il dit : "J'aggraverai tes labeurs et ta grossesse ; tu enfanteras avec douleur ; la passion t'attirera, vers ton époux, et lui te dominera."

17 Et à l'homme il dit : "Parce que tu as cédé à la voix de ton épouse, et que tu as mangé de l'arbre dont je t'avais enjoint de ne pas manger, maudite est la terre à cause de toi : c'est avec effort que tu en tireras ta nourriture, tant que tu vivras.

18 Elle produira pour toi des buissons et de l'ivraie, et tu mangeras de l'herbe des champs.

19 C'est à la sueur de ton visage que tu mangeras du pain, — jusqu'à ce que tu retournes à la terre d'où tu as été tiré : car poussière tu fus, et poussière tu redeviendras !"

20 L'homme donna pour nom à sa compagne "Ève" parce qu'elle fut la mère de tous les vivants.

21 L'Éternel-Dieu fit pour l'homme et pour sa femme des tuniques de peau, et les en vêtit.

22 L'Éternel-Dieu dit : "Voici l'homme devenu comme l'un de nous, en ce qu'il connait le bien et le mal. Et maintenant, il pourrait étendre sa main et cueillir aussi du fruit de l'arbre de vie ; il en mangerait, et vivrait à jamais."

23 Et l'Éternel-Dieu le renvoya du jardin d'Éden, pour cultiver la terre d'où il avait été tiré.

24 Ayant chassé l'homme, il posta en avant du jardin d'Éden les chérubins, avec la lame de l'épée flamboyante, pour garder les abords de l'arbre de vie.

CHAPITRE QUATRE

Or, l'homme s'était uni à Ève, sa femme. Elle conçut et enfanta Caïn, en disant : "J'ai fait naître un homme, conjointement avec l'Éternel !"

2 Elle enfanta ensuite son frère, Abel. Abel devint pasteur de menu bétail, et Caïn cultiva la terre.

3 Au bout d'un certain temps, Caïn présenta, du produit de la terre, une offrande au Seigneur ;

4 et Abel offrit, de son côté, des premiers-nés de son bétail, de leurs parties grasses. Le Seigneur se montra favorable à Abel et à son offrande,

5 mais à Caïn et à son offrande il ne fut pas favorable ; Caïn en conçut un grand chagrin, et son visage fut abattu.

6 Le Seigneur dit à Caïn ; "Pourquoi es-tu chagrin, et pourquoi ton visage est-il abattu ?

7 Si tu t'améliores, tu pourras te relever, sinon le Péché est tapi à ta porte : il aspire à t'atteindre, mais toi, sache le dominer !"

8 Caïn parla à son frère Abel ; mais il advint, comme ils étaient aux champs, que Caïn se jeta sur Abel, son frère, et le tua.

9 L'Éternel dit à Caïn : "Où est Abel ton frère ?" Il répondit : "Je ne sais ; suis-je le gardien de mon frère ?"

10 Dieu dit : "Qu'as-tu fait ! Le cri du sang de ton frère s'élève, jusqu'à moi, de la terre.

11 Eh bien ! tu es maudit à cause de cette terre, qui a ouvert sa bouche pour recevoir de ta main le sang de ton frère !"

12 Lorsque tu cultiveras la terre, elle cessera de te faire part de sa fécondité ; tu seras errant et fugitif par le monde."

13 Caïn dit à l'Éternel : "Mon crime est trop grand pour qu'on me supporte.

14 Vois, tu me proscris aujourd'hui de dessus la face de la terre ; mais puis-je me dérober à ta face ? Je vais errer et fuir par le monde, mais le premier qui me trouvera me tuera."

15 L'Éternel lui dit : "Aussi, quiconque tuera Caïn sera puni au septuple." Et l'Éternel le marqua d'un signe, pour que personne, le rencontrant, ne le frappât.

16 Caïn se retira de devant l'Éternel, et séjourna dans le pays de Nôd, à l'orient d'Éden.

17 Caïn connut sa femme ; elle conçut et enfanta Hénoc. Caïn bâtissait alors une ville, qu'il désigna du nom de son fils Hénoc.

18 Hénoc devint père d'Iràd ; celui-ci engendra Mehouyaél, qui engendra Lamec.

19 Lamec prit deux femmes, la première nommée Ada, et la seconde Cilla.

20 Ada enfanta Jabal, souche de ceux qui habitent sous des tentes et conduisent des troupeaux.

21 Le nom de son frère était Jabal : celui ci fut la souche de ceux qui manient la harpe et la lyre.

22 Cilla, de son côté, enfanta Tubalcaïn, qui façonna toute sorte d'instruments de cuivre et de fer, et qui eut pour sœur Naama.

23 Lamec dit à ses femmes"Ada et Cilla, écoutez ma voix ! Femmes de Lamec, prêtez l'oreille à ma parole ! J'ai tué un homme parce qu'il m'avait frappé, et un jeune homme à cause de ma blessure :

24 Si Caïn doit être vengé sept fois, Lamec le sera soixante-dix-sept fois."

25 Adam connut de nouveau sa femme ; elle enfanta un fils, et lui donna pour nom Seth : "Parce que Dieu m'a accordé une nouvelle postérité au lieu d'Abel, Caïn l'ayant tué."

26 A Seth, lui aussi, il naquit un fils ; il lui donna pour nom Énos. Alors on commença d'invoquer le nom de l'Éternel.

CHAPITRE CINQ

Ceci est l'histoire des générations de l'humanité. Lorsque Dieu créa l'être humain, il le fit à sa propre ressemblance.

2 Il les créa mâle et femelle, les bénit et les appela l'homme, le jour de leur création.

3 Adam, ayant vécu cent trente ans, produisit un être à son image et selon sa forme, et lui donna pour nom Seth.

4 Après avoir engendré Seth, Adam vécut huit cents ans, engendrant des fils et des filles.

5 Tout le temps qu'Adam vécut fut donc de neuf cent trente ans ; et il mourut.

6 Seth, ayant vécu cent cinq ans, engendra Énos.

7 Après avoir engendré Énos, Seth vécut huit cent sept ans, engendrant des fils et des filles.

8 Tous les jours de Seth furent de neuf cent douze ans, après quoi il mourut.

9 Énos vécut quatre-vingt-dix ans, et engendra Kênân.

10 Enos vécut, après avoir engendré Kênân, huit cent quinze ans ; et il eut des fils et des filles.

11 Tous les jours d'Énos furent de neuf cent cinq ans, après quoi il mourut.

12 Kênân, ayant vécu soixante-dix ans, engendra Mahalalêl.

13 Kènan vécut, après la naissance, de Mahalalêl, huit cent quarante ans, et eut des fils et des filles.

14 Toute la vie de Kênân fut de neuf cent dix ans, après quoi il mourut.

15 Mahalalêl, ayant vécu soixante-cinq ans, engendra Yéred.

16 Mahalalél, après avoir engendré Yéred, vécut huit cent trente ans, et engendra des fils et des filles.

17 Tous les jours de Mahalalèl furent de huit cent quatre-vingt-quinze ans, puis il mourut.

18 Véred, ayant vécu cent soixante-deux ans, engendra Hénoc.

19 Yéred vécut, après la naissance d'Hénoc, huit cents ans ; il eut des fils et des filles.

20 La vie entière de Yéred fut de neuf cent soixante-deux ans, après quoi il mourut.

21 Hénoc vécut soixante-cinq ans, et engendra Mathusalem.

22 Hénoc se conduisit selon Dieu, après avoir engendré Mathusalem, durant trois cents ans, et engendra des fils et des filles.

23 Tous les jours d'Hénoc furent de trois cent soixante-cinq ans ;

24 Hénoc se conduisait selon Dieu, lorsqu'il disparut, Dieu l'ayant retiré du monde.

25 Mathusalem, ayant vécu cent quatre-vingt-sept ans, engendra Lamec.

26 Mathusalem vécut, après avoir engendré Lamec, sept cent quatre-vingt-deux ans ; il eut encore des fils et des filles.

27 Tous les jours de Mathusalem furent de neuf cent soixante-neuf ans, après quoi il mourut.

28 Lamec, ayant vécu cent quatre-vingt-deux ans, engendra un fils.

29 Il énonça son nom Noé, en disant : "Puisse-t-il nous soulager de notre tâche et du labeur de nos mains, causé par cette terre qu'a maudite l'Éternel !"

30 Lamec vécut, après avoir engendré Noé, cinq cent quatre-vingt-quinze ans ; il engendra des fils et des filles.

31 Toute la vie de Lamec fut de sept cent soixante-dix-sept ans ; et il mourut.

32 Noé, étant âgé de cinq cents ans, engendra Sem, puis Cham et Japhet.

CHAPITRE SIX

Or, quand les hommes eurent commencé à se multiplier sur la terre, et que des filles leur naquirent,

2 les fils de la race divine trouvèrent que les filles de l'homme étaient belles, et ils choisirent pour femmes toutes celles qui leur convinrent.

3 L'Éternel dit : "Mon esprit n'animera plus les hommes pendant une longue durée, car lui aussi devient chair. Leurs jours seront réduits à cent vingt ans."

4 Les Nefilim parurent sur la terre à cette époque et aussi depuis, lorsque les hommes de Dieu se mêlaient aux filles de l'homme et qu'elles leur donnaient des enfants. Ce furent ces forts d'autrefois, ces hommes si renommés.

5 L'Éternel vit que les méfaits de l'homme se multipliaient sur la terre, et que le produit des pensées de son cœur était uniquement, constamment mauvais ;

6 et l'Éternel regretta d'avoir créé l'homme sur la terre, et il s'affligea en lui-même.

7 Et l'Éternel dit : "J'effacerai l'homme que j'ai créé de dessus la face de la terre ; depuis l'homme jusqu'à la brute, jusqu'à l'insecte, jusqu'à l'oiseau du ciel, car je regrette de les avoir faits.

8 Mais Noé trouva grâce aux yeux de l'Éternel.

9 Ceci est l'histoire de Noé. Noé fut un homme juste, irréprochable, entre ses contemporains ; il se conduisit selon Dieu.

10 Noé engendra trois fils : Sem, Cham et Japhet.

11 Or, la terre s'était corrompue devant Dieu, et elle s'était remplie d'iniquité.

12 Dieu considéra que la terre était corrompue, toute créature ayant perverti sa voie sur la terre.

13 Et Dieu dit à Noé : "Le terme de toutes les créatures est arrivé à mes yeux, parce que la terre, à cause d'elles, est remplie d'iniquité ; et je vais les détruire avec la terre.

14 Fais-toi une arche de bois de gôfèr ; tu distribueras cette arche en cellules, et tu l'enduiras, en dedans et en dehors, de poix.

15 Et voici comment tu la feras : trois cents coudées seront la longueur de l'arche ; cinquante coudées sa largeur, et trente coudées sa hauteur.

16 Tu donneras du jour à l'arche, que tu réduiras, vers le haut, à la largeur d'une coudée ; tu placeras la porte de l'arche sur le côté. Tu la composeras d'une charpente inférieure, d'une seconde et d'une troisième.

17 Et moi, je vais amener sur la terre le Déluge — les eaux — pour détruire toute chair animée d'un souffle de vie sous les cieux ; tout ce qui habite la terre périra.

18 J'établirai mon pacte avec toi : tu entreras dans l'arche, toi et tes fils, et ta femme et les femmes de tes fils avec toi.

19 Et de tous les êtres vivants, de chaque espèce, tu en recueilleras deux dans l'arche pour les conserver avec toi : ce sera un mâle et une femelle.

20 Des oiseaux selon leur espèce ; des quadrupèdes selon leur espèce ; de tout ce qui rampe sur la terre, selon son espèce, qu'un couple vienne auprès de toi pour conserver la vie.

21 Munis-toi aussi de toutes provisions comestibles, et mets-les en réserve : pour toi et pour eux, cela servira de nourriture.

22 Noé obéit, tout ce que Dieu lui avait prescrit, il l'exécuta ponctuellement.

CHAPITRE SEPT

L'Éternel dit à Noé : "Entre, toi et toute ta famille, dans l'arche ; car c'est toi que j'ai reconnu honnête parmi cette génération."

2 De tout quadrupède pur, tu prendras sept couples, le mâle et sa femelle ; et des quadrupèdes non purs, deux, le mâle et sa femelle.

3 De même, des oiseaux du ciel, respectivement sept, mâles et femelles, pour perpétuer les espèces sur toute la face de la terre.

4 Car encore sept jours, et je ferai pleuvoir sur la terre pendant quarante jours et quarante nuits ; et j'effacerai de la surface du sol tous les êtres que j'ai créés.

5 Noé se conforma à tout ce que lui avait ordonné l'Éternel.

6 Or, il était âgé de six cents ans lorsque arriva le Déluge, ces eaux qui couvrirent la terre.

7 Noé entra avec ses fils, sa femme, et les épouses de ses fils dans l'arche, pour se garantir des eaux du Déluge.

8 Des quadrupèdes purs ; de ceux qui ne le sont point ; des oiseaux, et de tout ce qui rampe sur le sol,

9 deux à deux ils vinrent vers Noé dans l'arche, mâles et femelles, ainsi que Dieu l'avait prescrit à Noé.

10 Au bout des sept jours, les eaux du Déluge étaient sur la terre.

11 Dans l'année six cent de la vie de Noé, le deuxième mois, le dix-septième jour du mois, en ce jour jaillirent toutes les sources de l'immense Abîme, et les cataractes du ciel s'ouvrirent.

12 La pluie tomba sur la terre, quarante jours et quarante nuits.

13 Ce jour-là même étaient entrés dans l'arche : Noé, Sem, Cham et Japhet, fils de Noé, et avec eux la femme de Noé et les trois femmes de ses fils ;

14 eux, et toute bête fauve selon son espèce, et tout le bétail selon son espèce, et tout animal rampant sur la terre selon son espèce, et tout volatile selon son espèce : tout oiseau, tout être ailé.

15 Ils vinrent vers Noé, dans l'arche, deux à deux, de toutes les espèces douées du souffle de vie.

16 Ceux qui entrèrent furent le mâle et la femelle de chaque espèce, comme Dieu l'avait commandé. Alors l'Éternel ferma sur Noé la porte de l'arche.

17 Le Déluge ayant duré quarante jours sur la terre, les eaux, devenues grosses, soulevèrent l'arche, qui se trouva au-dessus de la terre.

18 Les eaux augmentèrent et grossirent considérablement sur la terre, de sorte que l'arche flotta à la surface des eaux.

19 Puis les eaux redoublèrent d'intensité sur la terre et les plus hautes montagnes qui sont sous le ciel furent submergées.

20 De quinze coudées plus haut les eaux s'étaient élevées ; et les montagnes avaient disparu.

21 Alors périt toute créature se mouvant sur la terre : oiseaux, bétail, bêtes sauvages, tous les êtres pullulant sur la terre, et toute l'espèce humaine.

22 Tout ce qui était animé du souffle de la vie, tout ce qui peuplait le sol, expira.

23 Dieu effaça toutes les créatures qui étaient sur la face de la terre, depuis l'homme jusqu'à la brute, jusqu'au reptile, jusqu'à l'oiseau du ciel et ils furent effacés de la terre. Il ne resta que Noé et ce qui était avec lui dans l'arche.

24 La crue des eaux sur la terre dura cent cinquante jours.

CHAPITRE HUIT

Alors Dieu se souvint de Noé, et de tous les animaux sauvages et domestiques qui étaient avec lui dans l'arche. Dieu fit passer un souffle sur la terre, et les eaux se calmèrent.

2 Les sources de l'Abîme et les cataractes célestes se refermèrent, et la pluie ne s'échappa plus du ciel.

3 Les eaux se retirèrent de dessus la terre, se retirèrent par degrés ; elles avaient commencé à diminuer au bout de cent cinquante jours.

4 Le septième mois, le dix-septième jour du mois, l'arche s'arrêta sur les monts Ararat.

5 Les eaux allèrent toujours décroissant jusqu'au dixième mois ; le premier jour du dixième mois, apparurent les cimes des montagnes.

6 Au bout de quarante jours, Noé ouvrit la fenêtre qu'il avait pratiquée à l'arche.

7 Il lâcha le corbeau, qui partit, allant et revenant jusqu'à ce que les eaux eussent laissé la terre à sec.

8 Puis, il lâcha la colombe, pour voir si les eaux avaient baissé sur la face du sol.

9 Mais la colombe ne trouva pas de point d'appui pour la plante de ses pieds, et elle revint vers lui dans l'arche, parce que l'eau couvrait encore la surface de la terre. Il étendit la main, la prit et la fit rentrer auprès de lui dans l'arche.

10 Il attendit encore sept autres jours, et renvoya de nouveau la colombe de l'arche.

11 La colombe revint vers lui sur le soir, tenant dans son bec une feuille d'olivier fraîche. Noé jugea que les eaux avaient baissé sur la terre.

12 Ayant attendu sept autres jours encore, il fit partir la colombe, qui ne revint plus auprès de lui.

13 Ce fut dans la six cent unième année, au premier mois, le premier jour du mois, que les eaux laissèrent la terre à sec. Noé écarta le plafond de l'arche et vit que la surface du sol était desséchée.

14 Et au deuxième mois, le vingt-septième jour du mois, la terre était sèche.

15 Dieu parla à Noé en ces termes :

16 Sors de l'arche, toi et ta femme, et tes fils et leurs femmes avec toi.

17 Tout être vivant de toute espèce qui est avec toi : volatile, quadrupède, reptile se traînant sur la terre, fais-les sortir avec toi ; qu'ils foisonnent dans la terre, qu'ils croissent et multiplient sur la terre !"

18 Noé sortit avec ses fils, sa femme, et les femmes de ses fils.

19 Tous les quadrupèdes, tous les reptiles, tous les oiseaux, tout ce qui se meut sur la terre sortit, selon ses espèces, de l'arche.

20 Noé érigea un autel à l'Éternel ; il prit de tous les quadrupèdes purs, de tous les oiseaux purs, et les offrit en holocauste sur l'autel.

21 L'Éternel aspira la délectable odeur, et il dit en lui-même : "Désormais, je ne maudirai plus la terre à cause de l'homme, car les conceptions du cœur de l'homme sont mauvaises dès son enfance ; désormais, je ne frapperai plus tous les vivants, comme je l'ai fait.

22 Plus jamais, tant que durera la terre, semailles et récolte, froidure et chaleur, été et hiver, jour et nuit, ne seront interrompus."

CHAPITRE NEUF

Dieu bénit Noé et ses fils, en leur disant : "Croissez et multipliez, et remplissez la terre !

2 Que votre ascendant et votre terreur soient sur tous les animaux de la terre et sur tous les oiseaux du ciel ; tous les êtres dont fourmille le sol, tous les poissons de la mer, est livrés en vos mains.

3 Tout ce qui se meut, tout ce qui vit, servira à votre nourriture ; de même que les végétaux, je vous livre tout.

4 Toutefois aucune créature, tant que son sang maintient sa vie, vous n'en mangerez.

5 Toutefois encore, votre sang, qui fait votre vie, j'en demanderai compte : je le redemanderai à tout animal et à l'homme lui-même, si l'homme frappe son frère, je redemanderai la vie de l'homme.

6 Celui qui verse le sang de l'homme, par l'homme son sang sera versé car l'homme a été fait à l'image de Dieu.

7 Pour vous, croissez et multipliez ; foisonnez sur la terre et devenez y nombreux."

8 Dieu adressa à Noé et à ses enfants ces paroles :

9 "Et moi, je veux établir mon alliance avec vous et avec la postérité qui vous suivra ;

10 et avec toute créature vivante qui est avec vous, oiseaux, bétail, animaux des champs qui sont avec vous, tous les animaux terrestres qui sont sortis de l'arche.

11 Je confirmerai mon alliance avec vous nulle chair, désormais, ne périra par les eaux du déluge ; nul déluge, désormais, ne désolera la terre."

12 Dieu ajouta : "Ceci est le signe de l'alliance que j'établis, pour une durée perpétuelle, entre moi et vous, et tous les êtres animés qui sont avec vous.

13 J'ai placé mon arc dans la nue et il deviendra un signe d'alliance entre moi et la terre.

14 A l'avenir, lorsque j'amoncellerai des nuages sur la terre et que l'arc apparaîtra dans la nue,

15 je me souviendrai de mon alliance avec vous et tous les êtres animés et les eaux ne deviendront plus un déluge, anéantissant toute chair.

16 L'arc étant dans les nuages, je le regarderai et me rappellerai le pacte perpétuel de Dieu avec toutes les créatures vivantes qui sont sur la terre.

17 Dieu dit à Noé : "C'est là le signe de l'alliance que j'ai établie entre moi et toutes les créatures de la terre."

18 Les fils de Noé qui sortirent de l'arche furent Sem, Cham et Japhet ; Cham était le père de Canaan.

19 Ce sont là les trois fils de Noé par lesquels toute la terre fut peuplée.

20 Noé, d'abord cultivateur planta une vigne.

21 Il but de son vin et s'enivra, et il se mit à nu au milieu de sa tente.

22 Cham, père de Canaan, vit la nudité de son père, et alla dehors l'annoncer à ses deux frères.

23 Sem et Japhet prirent la couverture, la déployèrent sur leurs épaules, et, marchant à reculons, couvrirent la nudité de leur père, mais ne la virent point, leur visage étant retourné.

24 Noé, réveillé de son ivresse, connut ce que lui avait fait son plus jeune fils,

25 et il dit : "Maudit soit Canaan ! Qu'il soit l'esclave des esclaves de ses frères !"

26 Il ajouta : "Soit béni l'Éternel, divinité de Sem et que Canaan soit leur esclave,

27 que Dieu agrandisse Japhet ! Qu'il réside dans les tentes de Sem et que Canaan soit leur esclave !

28 Noé vécut, après le Déluge, trois cent cinquante ans.

29 Toute la vie de Noé avait été de neuf cent cinquante ans lorsqu'il mourut.

CHAPITRE DIX

Voici la descendance des fils de Noé, Sem, Cham et Japhet, à qui des enfants naquirent après le Déluge.

2 Enfants de Japhet Gourer, Magog, Madaï, Yavân, Toubal, Méchec et Tiràs.

3 Enfants de Gourer : Achkenaz, Rifath et Togarma.

4 Enfants de Yavân : Elicha, Tharsis, Kittim et Dodanim.

5 De ceux-là se formèrent les colonies de peuples répandues dans divers pays, chacune selon sa langue, selon sa tribu, selon son peuple.

6 Enfants de Cham : Kouch, Misraïm, Pont et Canaan.

7 Enfants de Kouch : Seba et Havila, Sabta, Râma et Sabteea ; enfants de Râma : Cheba et Dedân.

8 Kouch engendra aussi Nemrod, celui qui le premier fut puissant sur la terre.

9 Il fut un puissant ravisseur devant l'Éternel ; c'est pourquoi on dit : "Tel que Nemrod, un puissant ravisseur devant l'Éternel !"

10 Le commencement de sa domination fut Babel ; puis Érec, Akkad et Kalné, dans le pays de Sennaar.

11 De cette contrée il s'en alla en Assur, où il bâtit Ninive, Rehoboth Ir et Kélah ;

12 puis Résèn, entre Ninive et Kélah, cette grande cité.

13 Misraim fut la souche des Loudim, des Anamim, des Lehabim, des Naftouhim ;

14 des Pathrousim, des Kaslouhim (d'où sortirent les Philistins) et des Kaftorim.

15 Canaan engendra Sidon, son premier-né, puis Heth

16 puis le Jebuséen, l'Amorréen, le Ghirgachéen,

17 le Hévéen, l'Arkéen, le Sinéen,

18 Arvadéen, le Cemaréen et le Hamathéen. Depuis, les familles des Cananéens se développèrent.

19 Le territoire du peuple cananéen s'étendait depuis Sidon jusqu'à Gaza dans la direction de Gherar ; jusqu'à Lécha, dans la direction de Sodome, Gomorrhe, Adma et Ceboïm.

20 Tels sont les enfants de Cham, selon leurs familles et leur langage, selon leurs territoires et leurs peuplades.

21 Des enfants naquirent aussi à Sem, le père de toute la race d'Héber, le frère de Japhet, l'aîné.

22 Enfants de Sem : Élam, Assur, Arphaxad, Loud et Aram.

23 Enfants d'Aram : Ouy, Houl, Ghéther et Mach.

24 Arphaxad engendra Chélah, et Chélah engendra Héber.

25 A Héber il naquit deux fils. Le nom de l'un : Péleg, parce que de son temps la terre fut partagée ; et le nom de son frère : Yoktân.

26 Yoktân engendra Almodad, Chélef, Haçarmaveth, Yérah.

27 Hadoram, Ouzal, Dikla ;

28 Obal, Abimaêl, Cheba ;

29 Ophir, Havila et Yobab. Tous ceux-là furent enfants de Yoktân.

30 Leurs établissements s'étendirent depuis Mécha jusqu'à la montagne Orientale, dans la direction de Sefar.

31 Tels sont les descendants de Sem, selon leurs familles et leurs langages, selon leurs territoires et leurs peuplades.

32 Ce sont là les familles des fils de Noé, selon leur filiation et leurs peuplades ; et c'est de là que les nations se sont distribuées sur la terre après le Déluge.

CHAPITRE ONZE

Toute la terre avait une même langue et des paroles semblables.

2 Or, en émigrant de l'Orient, les hommes avaient trouvé une vallée dans le pays de Sennaar, et s'y étaient arrêtés.

3 Ils se dirent l'un à l'autre : "Çà, préparons des briques et cuisons-les au feu." Et la brique leur tint lieu de pierre, et le bitume de mortier.

4 Ils dirent : "Allons, bâtissons-nous une ville, et une tour dont le sommet atteigne le ciel ; faisons-nous un établissement durable, pour ne pas nous disperser sur toute la face de la terre."

5 Le Seigneur descendit sur la terre, pour voir la ville et la tour que bâtissaient les fils de l'homme ;

6 et il dit : "Voici un peuple uni, tous ayant une même langue. C'est ainsi qu'ils ont pu commencer leur entreprise et dès lors tout ce qu'ils ont projeté leur réussirait également.

7 Or çà, paraissons ! Et, ici même, confondons leur langage, de sorte que l'un n'entende pas le langage de l'autre."

8 Le Seigneur les dispersa donc de ce lieu sur toute la face de la terre, les hommes ayant renoncé à bâtir la ville.

9 C'est pourquoi on la nomma Babel, parce que là le Seigneur confondit le langage de tous les hommes et de là l'Éternel les dispersa sur toute la face de la terre.

10 Voici les générations de Sem. Sem était âgé de cent ans lorsqu'il engendra Arphaxad, deux ans après le Déluge.

11 Sem vécut, après avoir engendré Arphaxàd, cinq cents ans ; il engendra des fils et des filles.

12 Arphaxad avait vécu trente cinq ans lorsqu'il engendra Chélah.

13 Arphaxad vécut, après la naissance de Chélah, quatre cent trois ans ; il engendra des fils et des filles.

14 Chélah, à l'âge de trente ans, engendra Héber.

15 Chélah vécut, après avoir engendré Héber, quatre cent trois ans ; il engendra des fils et des filles.

16 Héber, ayant vécu trente quatre ans, engendra Péleg.

17 Après avoir engendré Péleg, Héber vécut quatre cent trente ans ; il engendra dès fils et des filles.

18 Péleg, âgé de trente ans, engendra Reou.

19 Après avoir engendré Reou, Péleg vécut deux cent neuf ans ; il engendra des fils et des filles.

20 Reou, ayant vécu trente-deux ans, engendra Seroug.

21 Après la naissance de Seroug, Reou vécut deux cent sept ans ; il engendra des fils et des filles.

22 Seroug, ayant vécu trente ans, engendra Nacor.

23 Après la naissance de Nacor, Seroug vécut deux cents ans ; il engendra des fils et des filles.

24 Nacor, âgé de vingt-neuf ans, engendra Tharé.

25 Nacor vécut, après avoir engendré Tharé, cent dix-neuf ans ; il engendra des fils et des filles.

26 Tharé, ayant vécu soixante-dix ans, engendra Abramé Nacor et Harân.

27 Voici les générations de Tharé : Tharé engendra Abram, Nacor et Harân ; Harân engendra Loth,

28 Harân mourut du vivant de Tharé son père, dans son pays natal, à Our-Kasdim.

29 Abram et Nacor se marièrent. La femme d'Abram avait nom Sarai, et celle de Nacor, Milka, fille de Harân, le père de Milka et de Yiska.

30 Saraï était stérile, elle n'avait point d'enfant.

31 Tharé emmena Abram son fils, Loth fils de Harân son petit fils, et Saraï sa bru, épouse d'Abram son fils ; ils sortirent ensemble d'OurKasdim pour se rendre au pays de Canaan, allèrent jusqu'à Harân et s'y fixèrent.

32 Les jours de Tharé avaient été de deux cent cinquante ans lorsqu'il mourut à Harân.

CHAPITRE DOUZE

L'Éternel avait dit à Abram : "Éloigne-toi de ton pays, de ton lieu natal et de la maison paternelle, et va au pays que je t'indiquerai.

2 Je te ferai devenir une grande nation ; je te bénirai, je rendrai ton nom glorieux, et tu seras un type de bénédiction.

3 Je bénirai ceux qui te béniront, et qui t'outragera je le maudirai ; et par toi seront heureuses toutes les races de la terre."

4 Abram partit comme le lui avait dit l'Éternel, et Loth alla avec lui. Abram était âgé de soixante-quinze ans lorsqu'il sortit de Harân.

5 "Abram prit Saraï son épouse, Loth fils de son frère, et tous les biens et les gens qu'ils avaient acquis à Harân. Ils partirent pour se rendre dans le pays de Canaan, et ils arrivèrent dans ce pays.

6 Abram s'avança dans le pays jusqu'au territoire de Sichem, jusqu'à la plaine de Môré ; le Cananéen habitait dès lors ce pays.

7 L'Éternel apparut à Abram et dit :"C'est à ta postérité que je destine ce pays." Il bâtit en ce lieu un autel au Dieu qui lui était apparu.

8 Il se transporta de là vers la montagne à l'est de Béthel et y dressa sa tente, ayant Béthel à l'occident et Aï à l'orient ; il y érigea un autel au Seigneur, et il proclama le nom de l'Éternel.

9 Abram partit ensuite, se dirigeant constamment vers le midi.

10 Or, il y eut une famine dans le pays. Abram descendit en Égypte pour y séjourner, la famine étant excessive dans le pays.

11 Quand il fut sur le point d'arriver en Égypte, il dit à Saraï son épouse : "Certes, je sais que tu es une femme au gracieux visage.

12 Il arrivera que, lorsque les Égyptiens te verront, ils diront : 'C'est sa femme' ; et ils me tueront, et ils te conserveront la vie.

13 Dis, je te prie, que tu es ma soeur ; et je serai heureux par toi, car j'aurai, grâce à toi, la vie sauve."

14 En effet, lorsqu'Abram fut arrivé en Égypte, les Égyptiens remarquèrent que cette femme était extrêmement belle ;

15 puis les officiers de Pharaon la virent et la vantèrent à Pharaon et cette femme fut enlevée pour le palais de Pharaon.

16 Quant à Abram, il fut bien traité pour l'amour d'elle ; il eut du menu et du gros bétail, des ânes, des esclaves mâles et femelles, des ânesses et des chameaux.

17 Mais l'Éternel affligea de plaies terribles Pharaon et sa maison, à cause de Saraï, l'épouse d'Abram.

18 Pharaon manda Abram, et dit : "Qu'as-tu fait là à mon égard ? Pourquoi ne m'as-tu pas déclaré qu'elle est ta femme ?

19 "Pourquoi as-tu dit : 'Elle est ma sœur', de sorte que je

l'ai prise pour moi comme épouse ? Or maintenant, voici ta femme, reprends-la et retire-toi !"

20 Pharaon lui donna une escorte, qui le reconduisit avec sa femme et toute sa suite.

CHAPITRE TREIZE

Abraham remonta d'Egypte lui, sa femme et toute sa suite, et Loth avec lui, s'acheminant vers le midi.

2 Or, Abraham était puissamment riche en bétail, en argent et en or.

3 Il repassa par ses pérégrinations, depuis le midi, jusqu'à Béthel, jusqu'à l'endroit où avait été sa tente la première fois, entre Béthel et Aï,

4 à l'endroit où se trouvait l'autel qu'il y avait précédemment érigé. Abram y proclama le nom de l'Éternel.

5 Loth aussi, qui accompagnait Abram, avait du menu bétail, du gros bétail et ses tentes.

6 Le terrain ne put se prêter à ce qu'ils demeurassent ensemble ; car leurs possessions étaient considérables, et ils ne pouvaient habiter ensemble.

7 Il s'éleva des différends entre les pasteurs des troupeaux d'Abram et les pasteurs des troupeaux de Loth ; le Cananéen et le Phérezéen occupaient alors le pays.

8 Abram dit à Loth : "Qu'il n'y ait donc point de querelles entre moi et toi, entre mes pasteurs et les tiens ; car nous sommes frères.

9 Toute la contrée n'est elle pas devant toi ? De grâce, sépare-toi de moi : si tu vas à gauche, j'irai à droite ; si tu vas à droite, je prendrai la gauche."

10 Loth leva les yeux et considéra toute la plaine du Jourdain, tout entière arrosée, avant que l'Éternel eût détruit Sodome et Gommorhe ; semblable à un jardin céleste, à la contrée d'Egypte, et s'étendant jusqu'à Çoar.

11 Loth choisit toute la plaine du Jourdain, et se dirigea du côté oriental ; et ils se séparèrent l'un de l'autre.

12 Abram demeura dans le pays de Canaan ; Loth s'établit dans les villes de la plaine et dressa ses tentes jusqu'à Sodome.

13 Or, les habitants de Sodome étaient pervers et pécheurs devant l'Éternel, à un haut degré.

14 L'Éternel dit à Abram, après que Loth se fut séparé de lui : "Lève les yeux et du point où tu es placé, promène tes regards au nord, au midi, à l'orient et à l'occident :

15 Eh bien ! tout le pays que tu aperçois, je le donne à toi et à ta perpétuité.

16 Je rendrai ta race semblable à la poussière de la terre ; tellement que, si l'on peut nombrer la poussière de la terre, ta race aussi pourra être nombrée.

17 Lève-toi ! parcours cette contrée en long et en large ! car c'est à toi que je la destine."

18 Abram alla dresser sa tente et établir sa demeure dans les plaines de Mamré, qui sont en Hébron ; et il y éleva un autel au Seigneur.

CHAPITRE QUATORZE

Ceci arriva du temps d'Amrafel, roi de Sennaar ; d'Aryoc, roi d'Ellasar ; de Kedorlaomer, roi d'Elam, et de Tidal, roi de Goyim :

2 ils firent la guerre à Béra, roi de Sodome ; à Bircha, roi de Gommorrhe ; à Chinab, roi d'Adma ; à Chémêber, roi de Ceboïm, et au roi de Béla, la même que Çoar.

3 Tous ceux-là se réunirent dans la vallée des Siddim, qui est devenue la mer du Sel.

4 Douze années, ils avaient été asservis à Kedorlaomer, et la treizième année ils s'étaient révoltés.

5 La quatorzième année, Kedorlaomer s'avança avec les rois ses alliés, et ils défirent les Refaïm à Achteroth-Karnayim, les Zouzim à Ham, les Emim à Chavé-Kiryathayim ;

6 et les Horéens dans leur montagne de Séir, jusqu'à la plaine de Pharan qui borde le désert.

7 Ils revinrent marchèrent sur Enmichpat, la même que

Cadès, et dévastèrent tout le territoire de l'Amalécite et aussi de l'Amoréen établi à Haçaçon-Tamar.

8 Alors s'avancèrent le roi de Sodome, le roi de Gommorrhe, celui d'Adma, celui de Ceboim et celui de Béla ou Coar, ils se rangèrent contre eux en bataille dans la vallée des Siddim :

9 contre Kedorlaomer, roi d'Elam ; Tidal, roi de Goyim ; Amrafel, roi de Sennaar, et Aryoc, roi d'Ellasar : quatre rois contre cinq.

10 La vallée des Siddim était remplie de puits de bitume : le roi de Sodome et celui de Gomorrhe s'enfuirent et y tombèrent ; les autres se réfugièrent vers les montagnes.

11 Les vainqueurs s'emparèrent de toutes les richesses de Sodome et de Gommorrhe et de tous leurs vivres, puis se retirèrent.

12 Ils prirent aussi, avec ses biens, Loth, neveu d'Abram, qui était alors à Sodome, et se retirèrent.

13 Les fuyards vinrent en apporter la nouvelle à Abram l'Hébreu. Celui-ci demeurait dans les plaines de Mamré l'Amorréen, frère d'Echkol et d'Aner, lesquels étaient les alliés d'Abram.

14 Abram, ayant appris que son parent était prisonnier, arma ses fidèles, enfants de sa maison, trois cent dix huit, et suivit la trace des ennemis jusqu'à Dan.

15 Il se glissa sur eux la nuit avec ses serviteurs, les battit et les poursuivit jusqu'à Hoba, qui est à gauche de Damas.

16 Il reprit tout le butin, ramena aussi Loth son parent, avec ses biens, et les femmes et la multitude.

17 Le roi de Sodome sortit à sa rencontre, comme il revenait de défaire Kedorlaomer et les rois ses auxiliaires, vers la vallée de Chavé, qui est la vallée Royale.

18 Melchisédec, roi de Salem, apporta du pain et du vin : il était prêtre du Dieu suprême.

19 Il le bénit, en disant : "Béni soit Abram de par le Dieu suprême, auteur des cieux et de la terre !

20 Et béni le Dieu suprême d'avoir livré tes ennemis en ta main !" Et Abram lui donna la dîme de tout le butin.

21 Le roi de Sodome dit à Abram : "Donne-moi les personnes, et les biens garde-les pour toi.

22 Abram répondit au roi de Sodome : "Je lève la main devant l'Éternel, qui est le Dieu suprême, auteur des cieux et de la terre ;

23 et je jure que fût-ce un fil, fût-ce la courroie d'une sandale, je ne prendrai rien de ce qui est à toi ; que tu ne dises pas : "C'est moi qui ai enrichi Abram !

24 Loin de moi ! Si ce n'est ce qu'ont déjà mangé ces jeunes gens, et la part des hommes qui m'ont accompagné ; Aner, Echkol et Mamré, que ceux-là prennent leurs parts."

CHAPITRE QUINZE

Après ces faits, la parole du Seigneur se fit entendre à Abram, dans une vision, en ces termes : "Ne crains point, Abram : je suis un bouclier pour toi ; ta récompense sera très grande"

2 Abram répondit : "Dieu-Éternel, que me donnerais-tu, alors que je m'en vais sans postérité et que le fils adoptif de ma maison est un Damascénien, Eliézer ?"

3 "Certes, disait Abram, tu ne m'as pas donné de postérité, et l'enfant de ma maison sera mon héritier."

4 Mais voici que la parole de l'Éternel vint à lui, disant :"Celui-ci n'héritera pas de toi ; c'est bien un homme issu de tes entrailles qui sera ton héritier."

5 Il le fit sortir en plein air, et dit : "Regarde le ciel et compte les étoiles : peux-tu en supputer le nombre ? Ainsi reprit-il, sera ta descendance."

6 Et il eut foi en l'Éternel, et l'Éternel lui en fit un mérite.

7 Et il lui dit : "Je suis l'Éternel, qui t'ai tiré d'Our-Kasdim, pour te donner ce pays en possession."

8 Il répondit : "Dieu-Éternel, comment saurai-je que j'en suis possesseur ?"

9 Il lui dit : "Prépare-moi une génisse âgée de trois ans, une chèvre de trois ans, un bélier de trois ans, une tourterelle et une jeune colombe."

10 Abram prit tous ces animaux, divisa chacun par le milieu, et disposa chaque moitié en regard de l'autre ; mais il ne divisa point les oiseaux.

11 Les oiseaux de proie s'abattirent sur les corps ; Abram les mit en fuite.

12 Le soleil étant sur son déclin, une torpeur s'empara d'Abram : tandis qu'une angoisse sombre profonde pesait sur lui.

13 Dieu dit à Abram : "Sache-le bien, ta postérité séjournera sur une terre étrangère, où elle sera asservie et opprimée, durant quatre cents ans.

14 Mais, à son tour, la nation qu'ils serviront sera jugée par moi ; et alors ils la quitteront avec de grandes richesses.

15 Pour toi, tu rejoindras paisiblement tes pères ; tu seras enterré après une vieillesse heureuse.

16 Mais la quatrième génération reviendra ici, parce qu'alors seulement la perversité de l'Amorréen sera complète."

17 Cependant le soleil s'était couché, et l'obscurité régnait : voici qu'un tourbillon de fumée et un sillon de feu passèrent entre ces chairs dépecées.

18 Ce jour-là, l'Éternel conclut avec Abram un pacte, en disant : "J'ai octroyé à ta race ce territoire, depuis le torrent d'Egypte jusqu'au grand fleuve, le fleuve d'Euphrate :

19 le Kénéen, le Kenizzéen, le Kadmonéen ;
20 le Héthéen, le Phérézéen, les Rephaim ;
21 l'Amorréen, le Cananéen, le Ghirgachéen et le Jébuséeen."

CHAPITRE SEIZE

Saraï, épouse d'Abram, ne lui avait pas donné d'enfant. Elle avait une esclave égyptienne nommée Agar.

2 Saraï dit à Abram : "Hélas ! l'Éternel m'a refusé l'enfantement ; approche-toi donc de mon esclave : peut-être, par elle, aurai-je un enfant." Abram obéit à la voix de Saraï.

3 Saraï, épouse d'Abram, prit Agar l'Egyptienne, son esclave, il y avait dix ans qu'Abram demeurait au pays de Canaan ; et elle la donna à son époux Abram pour qu'elle lui servît de femme.

4 Il s'approcha d'Agar, et elle conçut. Quand elle vit qu'elle avait conçu, sa maîtresse devint l'objet de son dédain.

5 Saraï dit à Abram : "Mon injure est la tienne. Moi-même, j'ai placé mon esclave dans tes bras ; or, elle a vu qu'elle avait conçu, et je suis devenue méprisable à ses yeux. L'Éternel prononcera entre moi et toi."

6 Abram dit à Sarai : "Voici, ton esclave est dans ta main,

fais-lui ce que bon te semble." Saraï l'humilia, et elle s'enfuit de devant elle.

7 Un envoyé du Seigneur la trouva près d'une source d'eau, dans le désert, près de la source sur le chemin de Chour.

8 Il dit : "Agar, esclave de Saraï, d'où viens tu, et où veux-tu aller ?" Elle répondit : "Je fuis de devant Saraï, ma maîtresse."

9 L'envoyé du Seigneur lui dit : "Retourne chez ta maîtresse, et humilie-toi sous sa main."

10 L'envoyé du Seigneur ajouta : "Je rendrai ta race très nombreuse, tellement qu'elle ne pourra être comptée."

11 L'envoyé du Seigneur lui dit encore : "Te voici enceinte, et près d'enfanter un fils ; tu énonceras son nom Ismaël, parce que Dieu a entendu ton affliction.

12 Celui-ci sera un onagre parmi les hommes : sa main sera contre tous, et la main de tous contre lui ; mais il se maintiendra à la face de tous ses frères."

13 Et elle proclama ainsi le nom de l'Éternel qui lui avait parlé : "Tu es un Dieu visible !

14 C'est pourquoi on appela cette source "la source du Vivant-qui-me-voit" ; elle se trouve entre Cadès et Béred.

15 Agar enfanta un fils à Abram ; et Abram nomma son fils, qu'avait enfanté Agar, Ismaël.

16 Abram était âgé de quatre-vingt-six-ans, lorsque Agar lui enfanta Ismaël.

CHAPITRE DIX-SEPT

Abraham étant âgé de quatre-vingt-dix-neuf ans, le Seigneur lui apparut et lui dit : "Je suis le Dieu tout-puissant ; conduis-toi à mon gré, sois irréprochable,

2 et je maintiendrai mon alliance avec toi, et je te multiplierai à l'infini."

3 Abram tomba sur sa face, et Dieu lui parla de la sorte :

4 "Moi-même, oui, je traite avec toi : tu seras le père d'une multitude de nations.

5 Ton nom ne s'énoncera plus, désormais, Abram : ton nom sera Abraham, car je te fais le père d'une multitude de nations.

6 Je te ferai fructifier prodigieusement ; je ferai de toi des peuples, et des rois seront tes descendants.

7 Cette alliance, établie entre moi et entre toi et ta postérité dernière, je l'érigerai en alliance perpétuelle, étant pour toi un Dieu comme pour ta postérité après toi.

8 Et je donnerai à toi et à ta postérité la terre de tes pérégrina-

tions, toute la terre de Canaan, comme possession indéfinie ; et je serai pour eux un Dieu tutélaire."

9 Dieu dit à Abraham : "Pour toi, sois fidèle à mon alliance, toi et ta postérité après toi dans tous les âges.

10 Voici le pacte que vous observerez, qui est entre moi et vous, jusqu'à ta dernière postérité : circoncire tout mâle d'entre vous.

11 Vous retrancherez la chair de votre excroissance, et ce sera un symbole d'alliance entre moi et vous.

12 A l'âge de huit jours, que tout mâle, dans vos générations, soit circoncis par vous ; même l'enfant né dans ta maison, ou acheté à prix d'argent parmi les fils de l'étranger, qui ne sont pas de ta race.

13 Oui, il sera circoncis, l'enfant de ta maison ou celui que tu auras acheté ; et mon alliance, à perpétuité, sera gravée dans votre chair.

14 Et le mâle incirconcis, qui n'aura pas retranché la chair de son excroissance, sera supprimé lui-même du sein de son peuple pour avoir enfreint mon alliance."

15 Dieu dit à Abraham : "Saraï, ton épouse, tu ne l'appelleras plus Saraï, mais bien Sara.

16 Je la bénirai, en te donnant, par elle aussi, un fils ; je la bénirai, en ce qu'elle produira des nations et que des chefs de peuples naîtront d'elle."

17 Abraham tomba sur sa face et sourit ; et il dit en son coeur"Quoi ! un centenaire engendrerait encore ! et à quatre-vingt-dix ans, Sara deviendrait mère !"

18 Abraham dit au Seigneur : "Puisse Ismaël, à tes yeux, mériter de vivre !"

19 Le Seigneur répondit : "Certes, Sara, ton épouse, te

donnera un fils, et tu le nommeras Isaac. Je maintiendrai mon pacte avec lui, comme pacte perpétuel à l'égard de sa descendance.

20 Quant à Ismaël, je t'ai exaucé : oui, je l'ai béni ; je le ferai fructifier et multiplier à l'infini ; il engendra douze princes, et je le ferai devenir une grande nation.

21 Pour mon alliance, je la confirmerai sur Isaac, que Sara t'enfantera à pareille époque, l'année prochaine."

22 Ayant achevé de lui parler, Dieu disparut de devant Abraham.

23 Abraham prit Ismaël son fils, tous les enfants de ses esclaves et ceux qu'il avait achetés à prix d'argent, tous les mâles de la maison d'Abraham ; il retrancha la chair de leur excroissance, ce jour-là même, ainsi que Dieu le lui avait dit.

24 Or, Abraham était âgé de quatre-vingt-dix-neuf ans, lorsque fut retranchée la chair de son excroissance.

25 Ismaël, son fils, était âgé de treize ans, lorsque la chair de son excroissance fut retranchée.

26 C'est en ce même jour que fut circoncis Abraham, ainsi qu'Ismaël son fils.

27 Et tous les gens de sa maison, nés chez lui ou achetés à prix d'argent à l'étranger, furent circoncis en même temps.

CHAPITRE DIX-HUIT

L'Éternel se révéla à lui dans les plaines de Mamré, tandis qu'il était assis à l'entrée de sa tente, pendant la chaleur du jour.

2 Comme il levait les yeux et regardait, il vit trois personnages debout prés de lui. En les voyant, il courut à eux du seuil de la tente et se prosterna contre terre.

3 Et il dit : "Seigneur, si j'ai trouvé grâce à tes yeux, ne passe pas ainsi devant ton serviteur ! "

4 Qu'on aille quérir un peu d'eau ; lavez vos pieds et reposez-vous sous cet arbre.

5 Je vais apporter une tranche de pain, vous réparerez vos forces, puis vous poursuivrez votre chemin, puisque aussi bien vous avez passé près de votre serviteur." Ils répondirent : "Fais ainsi que tu as dit".

6 Abraham rentra en hâte dans sa tente, vers Sara et dit : "Vite, prends trois mesures de farine de pur froment, pétris-la et fais-en des gâteaux."

7 Puis, Abraham courut au troupeau, choisit un veau tendre et gras et le donna au serviteur, qui se hâta de l'accommoder.

8 Il prit de la crème et du lait, puis le veau qu'on avait préparé et le leur servit : il se tenait devant eux, sous l'arbre, tandis qu'ils mangeaient.

9 Ils lui dirent : "Où est Sara, ta femme ?" Il répondit : "Elle est dans la tente."

10 L'un d'eux reprit : "Certes, je reviendrai à toi à pareille époque et voici, un fils sera né à Sara, ton épouse." Or, Sara l'entendait à l'entrée de la tente qui se trouvait derrière lui.

11 Abraham et Sara étaient vieux, avancés dans la vie ; le tribut périodique des femmes avait cessé pour Sara.

12 Sara rit en elle-même disant : "Flétrie par l'âge, ce bonheur me serait réservé ! Et mon époux est un vieillard !"

13 Le Seigneur dit à Abraham : "Pourquoi Sara a-t-elle ri, disant : 'Eh quoi ! en vérité, j'enfanterais, âgée que je suis !'

14 Est-il rien d'impossible au Seigneur ? Au temps fixé, à pareille époque, je te visiterai et Sara sera mère".

15 Sara protesta, en disant : "Je n'ai point ri" ; car elle avait peur. Il répondit "Non pas, tu as ri."

16 Les hommes se levèrent et fixèrent leurs regards dans la direction de Sodome ; Abraham les accompagna pour les reconduire.

17 Or, l'Éternel avait dit :"Tairai-je à Abraham ce que je veux faire ?"

18 Abraham ne doit-il pas devenir une nation grande et puissante et une cause de bonheur pour toutes les nations de la terre ?

19 Si je l'ai distingué, c'est pour qu'il prescrive à ses fils et à sa maison après lui d'observer la voie de l'Éternel, en pratiquant

la vertu et la justice ; afin que l'Éternel accomplisse sur Abraham ce qu'il a déclaré à son égard."

20 L'Éternel dit : "Comme le décri de Sodome et de Gommorrhe est grand ; comme leur perversité est excessive,

21 je veux y descendre ; je veux voir si, comme la plainte en est venue jusqu'à moi, ils se sont livrés aux derniers excès ; si cela n'est pas, j'aviserai."

22 Les hommes quittèrent ce lieu et s'acheminèrent vers Sodome ; Abraham était encore en présence du Seigneur.

23 Abraham s'avança et dit : "Anéantirais-tu, d'un même coup, l'innocent avec le coupable ?

24 Peut-être y a-t-il cinquante justes dans cette ville : les feras-tu périr aussi et ne pardonneras-tu pas à la contrée en faveur des cinquante justes qui s'y trouvent ?

25 Loin de toi d'agir ainsi, de frapper l'innocent avec le coupable, les traitant tous deux de même façon ! Loin de toi ! Celui qui juge toute la terre serait-il un juge inique ?"

26 Le Seigneur répondit : "Si je trouve à Sodome au sein de la ville, cinquante justes, je pardonnerai à toute la contrée à cause d'eux"

27 Abraham reprit en disant : "De grâce ! j'ai entrepris de parler à mon souverain, moi poussière et cendre !

28 Peut-être à ces cinquante justes, en manquera-t-il cinq : détruirais-tu, pour cinq, une ville entière ?" Il répondit : "Je ne sévirai point, si j'en trouve quarante-cinq"

29 Il insista encore, en lui disant : "Peut-être s'y en trouvera-t-il quarante ?" Il répondit : "Je m'abstiendrai à cause de ces quarante."

30 Il dit : "De grâce, que mon Souverain ne s'irrite point de

mes paroles ! Peut-être s'en trouvera-t-il trente ?" Il répondit : "Je m'abstiendrai, si j'en trouve trente"

31 Il reprit : "De grâce, puisque j'ai osé parler à mon Souverain, peut-être s'en trouvera-t-il vingt ?" Il répondit : "Je renoncerai à détruire, en faveur de ces vingt." Il dit :

32 "De grâce, que mon Souverain ne s'irrite pas, je ne parlerai plus que cette fois. Peut-être s'en trouvera-t-il dix ?" Il répondit : "Je renoncerai à détruire, en faveur de ces dix."

33 Le Seigneur disparut, lorsqu'il eut achevé de parler à Abraham ; et Abraham retourna à sa demeure.

CHAPITRE DIX-NEUF

Les deux envoyés arrivèrent à Sodome le soir. Loth était assis à la porte de Sodome ; à leur vue, il se leva au devant d'eux et se prosterna la face contre terre.

2 Il dit "Ah ! de grâce, mes seigneurs, venez dans la maison de votre serviteur, passez-y la nuit, lavez vos pieds ; puis, demain matin, vous pourrez continuer votre route." Ils répondirent : "Non, nous coucherons sur la voie publique."

3 Sur ses vives instances, ils tournèrent de son côté et entrèrent dans sa maison. Il leur prépara un repas, fit cuire des galettes et ils mangèrent.

4 Ils n'étaient pas encore couchés, lorsque les gens de la ville, les gens de Sodome, s'attroupèrent autour de la maison, jeunes et vieux ; le peuple entier, de tous les coins de la ville.

5 Ils appelèrent Loth et lui dirent : "Où sont les hommes qui sont venus chez toi cette nuit ? Fais-les sortir vers nous, que nous les connaissions !"

6 Loth alla à leur rencontre, à l'entrée de sa maison, dont il ferma la porte sur lui ;

7 et il dit : "De grâce, mes frères, ne leur faites point de mal !

8 Ecoutez ! j'ai deux filles qui n'ont pas encore connu d'homme, je vais vous les amener, faites-leur ce que bon vous semblera ; mais ces hommes, ne leur faites rien, car enfin ils sont venus s'abriter sous mon toit."

9 Ils répondirent : "Va-t'en loin d'ici ! Cet homme, ajoutèrent-ils, est venu séjourner ici et maintenant il se fait juge ! Eh bien, nous te ferons plus de mal qu'à eux !" Ils assaillirent Loth avec violence et s'avancèrent pour briser la porte.

10 Les voyageurs étendirent la main, firent rentrer Loth dans la maison et fermèrent la porte.

11 Et les hommes qui assiégeaient l'entrée de la maison, ils les frappèrent d'éblouissements, petits et grands, qui se fatiguèrent à chercher l'entrée.

12 Les voyageurs dirent à Loth : "Quiconque des tiens est encore ici, un gendre, tes fils, tes filles, tout ce que tu as dans cette ville, fais les sortir d'ici.

13 Car nous allons détruire cette contrée, la clameur contre elle a été grande devant le Seigneur et le Seigneur nous a donné mission de la détruire."

14 Loth sortit, alla parler à ses gendres, époux de ses filles et dit : "Venez, abandonnez ce lieu, car l'Éternel va détruire la cité !" Mais il fut, aux yeux de ses gendres, comme un homme qui plaisante.

15 Comme l'aube paraissait, les envoyés pressèrent Loth, en disant : "Debout ! emmène ta femme et tes deux filles ici présentes, si tu ne veux point périr pour les crimes de cette ville."

16 Comme il tardait, ces hommes le prirent par la main, ainsi

que sa femme et ses deux filles, l'Éternel voulant l'épargner ; ils l'emmenèrent et le laissèrent hors de la ville.

17 Lorsqu'ils les eurent conduits dehors, l'un d'eux lui dit :"Songe à sauver ta vie ; ne regarde pas en arrière et ne t'arrête pas dans toute cette région ; fuis vers la montagne, de crainte de périr."

18 Loth leur répondit : "Oh ! non, mes seigneurs !

19 Certes, déjà ton serviteur a trouvé grâce à tes yeux et tu m'as accordé une grande faveur en me conservant la vie ; mais moi, je ne saurais fuir jusque sur la montagne, le fléau m'atteindrait auparavant et je mourrais.

20 Vois plutôt, cette ville-ci est assez proche pour que je m'y réfugie et elle est peu importante ; puissé-je donc y fuir, vu son peu d'importance et y avoir la vie sauve !"

21 Il lui répondit : "Eh bien ! je te favoriserai encore en ceci, en ne bouleversant point la ville dont tu parles.

22 Hâte-toi, cours-y ! car je ne puis agir que tu n'y sois arrivé." Voilà pourquoi l'on a appelé cette ville Çoar.

23 Le soleil avait paru sur la terre, lorsque Loth arriva à Çoar.

24 L'Éternel fit pleuvoir sur Sodome et sur Gommorrhe du soufre et du feu ; l'Éternel lui-même, du haut des cieux.

25 Il détruisit ces villes, toute la plaine, tous les habitants de ces villes et la végétation du sol.

26 La femme de Loth, ayant regardé en arrière, devint une statue de sel.

27 Abraham se dirigea de bon matin vers l'endroit où il s'était tenu devant le Seigneur.

28 Il considéra l'aspect de Sodome et de Gommorrhe et l'as-

pect de toute la plaine ; et il remarqua qu'une exhalaison s'élevait de la terre, semblable à la fumée d'une fournaise.

29 Mais, lorsque Dieu détruisit les villes de la plaine, il s'était souvenu d'Abraham ; il avait fait échapper Loth du milieu de la subversion, tandis qu'il bouleversait la contrée où avait demeuré Loth.

30 Loth monta de Çoar et s'établit dans la montagne avec ses deux filles, car il n'osait rester à Çoar ; Il demeura dans une caverne, lui et ses deux filles.

31 L'aînée dit à la plus jeune : "Notre père est âgé et il n'y a plus d'homme dans le monde, pour s'unir à nous selon l'usage de toute la terre.

32 Eh bien ! environs de vin notre père, partageons sa couche et par notre père nous obtiendrons une postérité."

33 Elles firent boire du vin à leur père cette même nuit ; la fille aînée vint partager sa couche et il ne la reconnut point lorsqu'elle se coucha ni lorsqu'elle se leva.

34 Puis, le lendemain, l'aînée dit à la plus jeune : "Voici, j'ai partagé hier la couche de mon père ; environs-le encore cette nuit, tu iras partager son lit et nous recevrons de notre père une postérité."

35 Elles firent boire, cette nuit encore du vin à leur père ; la cadette se leva, vint à ses côtés et il ne la reconnut point lors de son coucher et de son lever.

36 Les deux filles de Loth conçurent du fait de leur père.

37 La première eut un fils, qu'elle appela Moab ; ce fut le père des Moabites qui subsistent aujourd'hui.

38 La seconde, elle aussi, enfanta un fils et le nomma Ben-Ammi ; ce fut le père des Ammonites qui subsistent aujourd'hui.

CHAPITRE VINGT

Abraham quitta ce lieu pour la contrée du Midi ; il s'établit entre Cadès et Chour et séjourna à Gherar.

2 Abraham disait de Sara, sa femme : "Elle est ma sœur" : Abimélec, roi de Gherar, envoya prendre Sara.

3 Le Seigneur visita Abimélec dans un songe nocturne et lui dit : "Tu vas mourir, à cause de cette femme que tu as prise et qui est en puissance de mari."

4 Or, Abimélec n'avait pas approché d'elle. Il dit : "Seigneur ! frapperais-tu donc aussi un peuple innocent ?

5 Quoi ! ne m'a-t-il pas dit : 'Elle est ma sœur ?' et elle, elle aussi, a dit : 'Il est mon frère.' C'est avec un cœur innocent et des mains pures que j'ai agi ainsi."

6 Dieu lui répondit dans le songe : "Moi aussi je savais que tu avais agi ainsi dans la simplicité de ton cœur et j'ai voulu, de mon côté, te préserver de m'offenser ; aussi ne t'ai-je pas permis d'approcher d'elle.

7 Et maintenant, restitue l'épouse de cet homme, car il est

prophète ; il priera pour toi et tu vivras. Que si tu ne la rends pas, sache que tu mourras, toi et tous les tiens !"

8 Abimélec se leva de bonne heure, appela tous ses serviteurs et leur fit entendre toutes ces choses ; ces hommes furent fort effrayés.

9 Abimélec manda Abraham et lui dit "Que nous as-tu fait ! et qu'avais-je commis envers toi, pour que tu exposasses moi et mon royaume à un péché grave ? Tu as fait à mon égard des choses qui ne doivent point se faire !"

10 Abimélec dit encore à Abraham : "Qu'avais-tu en vue, en agissant de la sorte ?"

11 Abraham répondit : "C'est que je pensais :'Pour peu que la crainte de Dieu ne règne pas dans ce pays, ils me tueront à cause de ma femme.

12 Et d'ailleurs, de fait, elle est ma sœur, la fille de mon père, mais non la fille de ma mère et elle m'appartient comme épouse.

13 Or, lorsque Dieu me fit errer loin de la maison de mon père, je lui dis : 'Voici la grâce que tu me feras. Dans tous les lieux où nous irons, dis que je suis ton frère."

14 Abimélec choisit des pièces de menu et de gros bétail, des esclaves mâles et femelles, en fit présent à Abraham et lui restitua Sara son épouse.

15 Et il lui dit : "Voici mon territoire devant toi, établis-toi où bon te semblera."

16 Et à Sara il dit : "Voici, j'ai donné mille pièces d'argent à ton parent : certes ! il est pour toi comme un voile contre quiconque t'approcherait ; tous, tu peux les regarder en face."

17 Abraham intercéda auprès de Dieu, qui guérit Abimélec, sa femme et ses servantes, de sorte qu'elles purent enfanter.

18 Car Dieu avait fermé toute matrice dans la maison d'Abimélec, à cause de Sara, épouse d'Abraham.

CHAPITRE VINGT-ET-UN

Or, l'Éternel s'était souvenu de Sara, comme il l'avait dit et il fit à Sara ainsi qu'il l'avait annoncé.

2 Sara conçut et enfanta un fils à Abraham quoiqu'âgé, à l'époque précise où Dieu l'avait promis.

3 Abraham nomma le fils qui venait de lui naître, que Sara lui avait donné, Isaac.

4 Abraham circoncit Isaac, son fils, à l'âge de huit jours, comme Dieu le lui avait ordonné.

5 Or, Abraham était âgé de cent ans, lorsqu'Isaac son fils vint au monde.

6 Sara dit : "Dieu m'a donné une félicité et quiconque l'apprendra me félicitera."

7 Elle dit encore "Qui eût dit à Abraham que Sara allaiterait des enfants ? Eh bien, j'ai donné un fils à sa vieillesse !"

8 L'enfant grandit, il fut sevré. Abraham fit un grand festin le jour où l'on sevra Isaac.

9 Sara vit le fils d'Agar l'Egyptienne, que celle-ci avait enfanté à Abraham, se livrer à des railleries ;

10 et elle dit à Abraham : "Renvoie cette esclave et son fils ; car le fils de cette esclave n'héritera point avec mon fils, avec Isaac."

11 La chose déplut fort à Abraham, à cause de son fils.

12 Mais Dieu dit à Abraham : "Ne sois pas mécontent au sujet de cet enfant et de ton esclave ; pour tout ce que Sara te dit, obéis à sa voix : car c'est la postérité d'Isaac qui portera ton nom.

13 Mais le fils de cette esclave aussi, je le ferai devenir une nation, parce qu'il est ta progéniture."

14 Abraham se leva de bon matin, prit du pain et une outre pleine d'eau, les remit à Agar en les lui posant sur l'épaule, ainsi que l'enfant et la renvoya. Elle s'en alla et s'égara dans le désert de Beer Shava.

15 Quand l'eau de l'outre fut épuisée, elle abandonna l'enfant au pied d'un arbre.

16 Elle alla s'asseoir du côté opposé, à la distance d'un trait d'arc, en se disant : "Je ne veux pas voir mourir cet enfant" ; et ainsi assise du côté opposé, elle éleva la voix et pleura.

17 Dieu entendit le gémissement de l'enfant. Un messager du Seigneur appela Agar du haut des cieux et lui dit "Qu'as-tu, Agar ? Sois sans crainte, car Dieu a entendu la voix de l'enfant s'élever de l'endroit où il gît.

18 Relève-toi ! reprends cet enfant et soutiens-le de la main, car je ferai de lui une grande nation."

19 Le Seigneur lui dessilla les yeux et elle aperçu une source ; elle y alla, emplit l'outre d'eau et donna à boire à l'enfant.

20 Dieu fut avec cet enfant et il grandit ; il demeura dans le désert, et devint tireur à l'arc.

21 Il habita le désert de Pharan et sa mère lui choisit une femme du pays d'Egypte.

22 Il arriva, dans le même temps, qu'Abimélec, accompagné de Pikol, chef de son armée, dit à Abraham : "Dieu est avec toi dans tout ce que tu entreprends.

23 Et maintenant, jure-moi par ce Dieu que tu ne seras infidèle ni à moi, ni à mes enfants, ni à ma postérité ; que, comme j'ai bien agi à ton égard, ainsi tu agiras envers moi et envers le pays où tu es venu séjourner."

24 Abraham répondit : "Je veux le jurer."

25 Or, Abraham avait fait des reproches à Abimélec, au sujet d'un puits dont les gens d'Abimélec s'étaient emparés.

26 Et Abimélec avait répondu : "Je ne sais qui a commis cette action : toi-même tu ne m'en avais pas instruit et moi, je l'ignorais avant ce jour."

27 Abraham prit du menu et du gros bétail qu'il remit à Abimélec et ils conclurent mutuellement une alliance.

28 Abraham ayant rangé à part sept brebis de ce bétail,

29 Abimélec dit à Abraham : "Que signifient ces sept brebis que tu as mises à part ?"

30 Il répondit : "C'est que tu dois recevoir de ma main sept brebis, comme témoignage que j'ai creusé ce puit."

31 Aussi appela-t-on cet endroit Beer Shava, car là ils jurèrent l'un et l'autre.

32 Lorsqu'ils eurent contracté alliance à Beer Shava, Abimélec se leva, ainsi que Pikol son général d'armée et ils s'en retournèrent au pays des Philistins.

33 Abraham planta un bouquet d'arbres à Beer Shava et y proclama le Seigneur, Dieu éternel.

34 Abraham habita longtemps encore dans le pays des Philistins.

CHAPITRE VINGT-DEUX

Il arriva, après ces faits, que Dieu éprouva Abraham. Il lui dit : "Abraham !" Il répondit : "Me voici."

2 Il reprit "Prends ton fils, ton fils unique, celui que tu aimes, Isaac ; achemine-toi vers la terre de Moria et là offre-le en holocauste sur une montagne que je te désignerai."

3 Abraham se leva de bonne heure, sangla son âne, emmena ses deux serviteurs et Isaac, son fils et ayant fendu le bois du sacrifice, il se mit en chemin pour le lieu que lui avait indiqué le Seigneur.

4 Le troisième jour, Abraham, levant les yeux, aperçut l'endroit dans le lointain.

5 Abraham dit à ses serviteurs : "Tenez-vous ici avec l'âne ; moi et le jeune homme nous irons jusque là-bas, nous nous prosternerons et nous reviendrons vers vous."

6 Abraham prit le bois du sacrifice, le chargea sur Isaac son fils, prit en main le feu et le couteau et ils allèrent tous deux ensemble.

7 Isaac, s'adressant à Abraham son père, dit "Mon père !" Il répondit : "Me voici mon fils." Il reprit : "Voici le feu et le bois, mais où est l'agneau de l'holocauste ?"

8 Abraham répondit : "Dieu choisira lui-même l'agneau de l'holocauste mon fils !" Et ils allèrent tous deux ensemble.

9 Ils arrivèrent à l'endroit que Dieu lui avait indiqué. Abraham y construisit un autel, disposa le bois, lia Isaac son fils et le plaça sur l'autel, par-dessus le bois.

10 Abraham étendit la main et saisit le couteau pour immoler son fils.

11 Mais un envoyé du Seigneur l'appela du haut du ciel, en disant : "Abraham ! . Abraham !"

12 Il répondit : "Me voici." Il reprit : "Ne porte pas la main sur ce jeune homme, ne lui fais aucun mal ! car, désormais, j'ai constaté que tu honores Dieu, toi qui ne m'as pas refusé ton fils, ton fils unique !"

13 Abraham, levant les yeux, remarqua qu'un bélier, derrière lui, s'était embarrassé les cornes dans un buisson. Abraham alla prendre ce bélier et l'offrit en holocauste à la place de son fils.

14 Abraham dénomma cet endroit : Adonaï-Yiré ; d'où l'on dit aujourd'hui :"Sur le mont d'Adônaï-Yéraé."

15 L'envoyé de l'Éternel appela une seconde fois Abraham du haut du ciel,

16 et dit : "Je jure par moi-même, a dit l'Éternel, que parce que tu as agi ainsi, parce que tu n'as point épargné ton enfant, ton fils unique,

17 je te comblerai de mes faveurs ; je multiplierai ta race comme les étoiles du ciel et comme le sable du rivage de la mer et ta postérité conquerra les portes de ses ennemis.

18 Et toutes les nations de la terre s'estimeront heureuses par ta postérité, en récompense de ce que tu as obéi à ma voix."

19 Abraham retourna vers ses serviteurs ; ils se remirent en route ensemble pour Beer Shava, où Abraham continua d'habiter.

20 Après cet événement, Abraham reçut les nouvelles suivantes : "Milka, elle aussi, a donné des enfants à Nahor ton frère :

21 Ouç, son premier-né ; Bouz, son frère ; Kemouel, père d'Aram ;

22 Késed, Hazo, Pildach, Yidlaf et Bathuel,

23 lequel Bathuel a engendré Rébecca." Milka avait donné ces huit fils à Nahor, frère d'Abraham.

24 Sa concubine, nommée Reouma, avait eu aussi des enfants : Tébah, Gaham, Tahach et Maaka.

CHAPITRE VINGT-TROIS

La vie de Sara fut de cent vingt-sept ans ; telle fut la durée de sa vie.

2 Sara mourut à Kiryath-Arba, qui est Hébron, dans le pays de Canaan ; Abraham y vint pour dire sur Sara les paroles funèbres et pour la pleurer.

3 Abraham, ayant rendu ce devoir à son mort alla parler aux enfants de Heth en ces termes :

4 "Je ne suis qu'un étranger domicilié parmi vous : accordez-moi la propriété d'une sépulture au milieu de vous, que j'ensevelisse ce mort qui est devant moi."

5 Les enfants de Heth répondirent à Abraham en lui disant :

6 "Écoute-nous, seigneur ! Tu es un dignitaire de Dieu au milieu de nous, dans la meilleure de nos tombes ensevelis ton mort. Nul d'entre nous ne te refusera sa tombe pour inhumer ton mort."

7 Abraham s'avança et se prosterna devant le peuple du pays, devant les enfants de Heth,

8 et il leur parla ainsi : "Si vous trouvez bon que j'ensevelisse ce mort qui est devant moi, écoutez-moi : priez en ma faveur Éfron, fils de Cohar,

9 pour qu'il me cède le caveau de Makpéla qui est à lui, qui se trouve au bout de son champ ; qu'il me le cède pour argent comptant, comme propriété tumulaire au milieu de vous."

10 Éfron siégeait parmi les enfants de Heth. Éfron le Héthéen répondit à Abraham en présence des enfants de Heth, de tous ceux qui étaient venus à la porte de sa ville et dit :

11 "Non, seigneur, écoute-moi, le champ, je te le donne ; le caveau qui s'y trouve, je te le donne également ; à la face de mes concitoyens je t'en fais don, ensevelis ton mort."

12 Abraham se prosterna devant le peuple du pays

13 et parla ainsi à Éfron en présence du peuple du pays : "Ah ! s'il te plaît, écoute-moi : j'offre le prix de ce champ, accepte-le, que j'y puisse enterrer mon mort."

14 Éfron répondit à Abraham en lui disant :

15 "Seigneur, écoute-moi : une terre de quatre cents sicles d'argent, qu'est-ce que cela entre nous deux ? Enterres-y ton mort."

16 Abraham écouta Éfron et lui compta le prix qu'il avait énoncé en présence des enfants de Heth : quatre cents sicles d'argent, en monnaie courante.

17 Ainsi fut dévolu le champ d'Éfron situé à Makpéla, en face de Mamré ; ce champ, avec son caveau, avec les arbres qui le couvraient dans toute son étendue à la ronde,

18 à Abraham, comme acquisition, en présence des enfants de Heth, de tous ceux qui étaient venus à la porte de la ville.

19 Alors Abraham ensevelit Sara, son épouse, dans le caveau

du champ de Makpéla, en face de Mamré, qui est Hébron, dans le pays de Canaan.

20 Le champ, avec le caveau qui s'y trouve, fut ainsi adjugé à Abraham, comme possession tumulaire, par les enfants de Heth.

CHAPITRE VINGT-QUATRE

Or Abraham était vieux, avancé dans la vie ; et l'Éternel avait béni Abraham en toutes choses.

2 Abraham dit au serviteur le plus ancien de sa maison, qui avait le gouvernement de tous ses biens : "Mets, je te prie, ta main sous ma hanche,

3 pour que je t'adjure par l'Éternel, Dieu du ciel et de la terre, de ne pas choisir une épouse à mon fils parmi les filles des Cananéens avec lesquels je demeure,

4 mais bien d'aller dans mon pays et dans mon lieu natal chercher une épouse à mon fils, à Isaac."

5 Le serviteur lui dit : "peut-être cette femme ne voudra-t-elle pas me suivre dans ce pays-ci : devrai-je ramener ton fils dans le pays que tu as quitté ?"

6 Abraham lui répondit : "Garde toi d'y ramener mon fils !

7 L'Éternel, le Dieu des cieux, qui m'a retiré de la maison de mon père et du pays de ma naissance ; qui m'a promis, qui m'a juré en disant : "Je donnerai cette terre-ci à ta race", lui, il te fera

précéder par son envoyé et tu prendras là-bas une femme pour mon fils.

8 Que si cette femme ne consent pas à te suivre, tu seras dégagé du serment que je t'impose. Mais en aucune façon n'y ramène mon fils."

9 Le serviteur posa sa main sous la hanche d'Abraham, son maître et lui prêta serment à ce sujet.

10 Le serviteur prit dix chameaux parmi les chameaux de son maître et partit, chargé de ce que son maître avait de meilleur. Il s'achemina vers Aram Double Fleuve, du côté de la ville de Nahor.

11 Il fit reposer les chameaux hors de la ville, près de la fontaine ; c'était vers le soir, au temps où les femmes viennent puiser de l'eau.

12 Et il dit : "Seigneur, Dieu de mon maître Abraham ! daigne me procurer aujourd'hui une rencontre et sois favorable à mon maître Abraham.

13 Voici, je me trouve au bord de la fontaine et les filles des habitants de la ville sortent pour puiser de l'eau.

14 Eh bien ! la jeune fille à qui je dirai : 'Veuille pencher ta cruche, que je boive' et qui répondra : 'Bois, puis je ferai boire aussi tes chameaux', puisses-tu l'avoir destinée à ton serviteur Isaac et puissé-je reconnaître par elle que tu t'es montré favorable à mon maître !"

15 Il n'avait pas encore fini de parler, que voici venir Rébecca, la fille de Bathuel, fils de Milka, épouse de Nahor, frère d'Abraham, sa cruche sur l'épaule.

16 Cette jeune fille était extrêmement belle ; vierge, nul homme n'avait encore approché d'elle. Elle descendit à la fontaine, emplit sa cruche et remonta.

17 Le serviteur courut au-devant d'elle et dit : "Laisse-moi boire, s'il te plaît, un peu d'eau à ta cruche."

18 Elle répondit : "Bois, seigneur." Et vite elle fit glisser sa cruche jusqu'à sa main et elle lui donna à boire.

19 Après lui avoir donné à boire, elle dit : "Pour tes chameaux aussi je veux puiser de l'eau, jusqu'à ce qu'ils aient tous bu."

20 Et elle se hâta de vider sa cruche dans l'abreuvoir, courut de nouveau à la fontaine pour puiser et puisa ainsi pour tous les chameaux.

21 Et cet homme, émerveillé, la considérait en silence, désireux de savoir si l'Éternel avait béni son voyage ou non.

22 Lorsque les chameaux eurent fini de boire, cet homme prit une boucle en or, du poids d'un béka et deux bracelets pour ses bras, du poids de dix sicles d'or ;

23 et il dit : "De qui es-tu fille ? daigne me l'apprendre. Y a-t-il dans la maison de ton père de la place pour nous loger ?"

24 Elle lui répondit : "Je suis la fille de Bathuel, fils de Milka, qui l'a enfanté à Nahor ;"

25 Elle lui dit encore : "Il y a chez nous de la paille et du fourrage en abondance et de la place pour loger."

26 L'homme s'inclina et se prosterna devant l'Éternel

27 et Il dit : "Beni soit l'Éternel, Dieu de mon maître Abraham, qui n'a pas retiré sa faveur et sa fidélité à mon maître !"

28 La jeune fille courut dans la chambre de sa mère et raconta ces choses.

29 Or, Rébecca avait un frère nommé Laban. Laban accourut auprès de l'homme qui se tenait dehors, près de la fontaine.

30 Lorsqu'il vit la boucle et les bracelets aux bras de sa sœur ; lorsqu'il entendit sa sœur Rébecca dire : "Ainsi m'a parlé

cet homme", il était allé vers lui. Celui-ci attendait près des chameaux, au bord de la fontaine.

31 Laban lui dit : "Viens, bien-aimé du Seigneur ! pourquoi restes-tu dehors, lorsque j'ai préparé la maison et qu'il y a place pour les chameaux ?"

32 L'homme entra dans la maison et déchargea les chameaux ; on apporta de la paille et du fourrage pour les chameaux et de l'eau pour laver ses pieds et les pieds des hommes qui l'accompagnaient.

33 On lui servit à manger ; mais il dit : "Je ne mangerai point, que je n'aie dit ce que j'ai à dire." On lui répondit : "Parle."

34 Et il dit : "Je suis le serviteur d'Abraham.

35 L'Éternel a béni grandement mon maître, de sorte qu'il est devenu puissant : il lui a accordé menu et gros bétail, argent et or, esclaves mâles et femelles, chameaux et ânes.

36 Sara, l'épouse de mon maître, a enfanté, vieille déjà, un fils à mon maître ; celui-ci lui a fait don de tous ses biens.

37 Or, mon maître m'a adjuré en disant : 'Tu ne prendras point une épouse à mon fils parmi les filles des Cananéens, dans le pays desquels je réside.

38 Non ; mais tu iras dans la maison de mon père, dans ma famille et là tu choisiras une épouse à mon fils.'

39 Et je dis à mon maître 'Peut-être cette femme ne me suivra-t-elle pas ?'

40 Il me répondit : 'L'Éternel, dont j'ai toujours suivi les voies, placera son envoyé à tes côtés et il fera prospérer ton voyage et tu prendras une femme pour mon fils dans ma famille, au foyer de mon père.

41 Alors tu seras libéré de mon serment, puisque tu seras allé

dans ma famille ; pareillement, s'ils te refusent, tu seras libéré de ce serment.'

42 Or, aujourd'hui, je suis arrivé près de la fontaine et j'ai dit : 'Éternel, Dieu de mon maître Abraham ! veux-tu, de grâce, faire réussir la voie où je marche ?

43 Eh bien ! je suis arrêté au bord de cette fontaine : s'il arrive qu'une jeune fille vienne pour puiser, que je lui dise : 'Donne moi, je te prie, à boire un peu d'eau de ta cruche'

44 et qu'elle me réponde : 'Non seulement bois toi-même, mais pour tes chameaux aussi je veux puiser', que ce soit là la femme que l'Éternel agrée pour le fils de mon maître.

45 Je n'avais pas encore achevé de parler en moi-même, voici que Rébecca s'est approchée, sa cruche sur l'épaule ; elle est descendue à la fontaine et a puisé et je lui ai dit : 'Donne-moi, s'il te plait à boire.'

46 Aussitôt elle a oté sa cruche de dessus son épaule, en disant : 'Bois et puis j'abreuverai tes chameaux.'

47 Je l'ai interrogée, disant : 'De qui es-tu fille ?' Elle a répondu : 'De Bathuel, fils de Nahor, que Milka a enfanté à celui-ci.' Alors j'ai passé la boucle à ses narines et les bracelets à ses bras.

48 Et je me suis incliné et prosterné devant l'Éternel ; et j'ai béni l'Éternel, Dieu de mon maître Abraham, qui m'a dirigé dans la vraie voie, en me faisant choisir la parente de mon maître pour son fils.

49 Et maintenant, si vous voulez agir avec affection et justice envers mon maître, dites-le moi ; sinon, dites-le moi, afin que je me dirige à droite ou à gauche."

50 Pour réponse, Laban et Bathuel dirent : "La chose émane

de Dieu même ! nous ne pouvons te répondre ni en mal ni en bien.

51 Voici Rébecca à ta disposition, prends-la et pars ; et qu'elle soit l'épouse du fils de ton maître, comme l'a décidé l'Éternel."

52 Le serviteur d'Abraham, ayant entendu leurs paroles, se prosterna à terre en l'honneur de l'Éternel ;

53 puis il étala des bijoux d'argent, des bijoux d'or et des parures, les donna à Rébecca et donna des objets de prix à son frère et à sa mère.

54 Ils mangèrent et burent, lui et les gens qui l'accompagnaient et passèrent la nuit en ce lieu ; quand ils furent levés le lendemain, il dit "Laissez-moi retourner chez mon maître."

55 Le frère et la mère de Rébecca répondirent : "Que la jeune fille reste avec nous quelque temps, au moins une dizaine de jours, ensuite elle partira."

56 Il leur répliqua : "Ne me retenez point, puisque Dieu a fait réussir mon voyage ; laissez-moi partir, que je retourne chez mon maître."

57 Ils dirent : "Appelons la jeune fille et demandons son avis."

58 ils appelèrent Rébecca et lui dirent "Pars-tu avec cet homme ?" Elle répondit : "Je pars"

59 ils laissèrent partir Rébecca leur sœur et sa nourrice, le serviteur d'Abraham et ses gens.

60 Et ils bénirent Rébecca en lui disant "Notre sœur ! puisses-tu devenir des milliers de myriades ! et puisse ta postérité conquérir la porte de ses ennemis !"

61 Rébecca et ses suivantes se levèrent, se placèrent sur les

chameaux et suivirent cet homme ; le serviteur emmena Rébecca et partit.

62 Or, Isaac revenait de visiter la source du Vivant qui me voit ; il habitait la contrée du Midi.

63 Isaac était sorti dans les champs pour se livrer à la méditation, à l'approche du soir. En levant les yeux, il vit que des chameaux s'avançaient.

64 Rébecca, levant les yeux, aperçut Isaac et se jeta à bas du chameau ;

65 et elle dit au serviteur : "Quel est cet homme, qui marche dans la campagne à notre rencontre ?" Le serviteur répondit : "C'est mon maître." Elle prit son voile et s'en couvrit.

66 Le serviteur rendit compte à Isaac de tout ce qu'il avait fait.

67 Isaac la conduisit dans la tente de Sara sa mère ; il prit Rébecca pour femme et il l'aima et il se consola d'avoir perdu sa mère.

CHAPITRE VINGT-CINQ

Abraham prit une nouvelle épouse, nommée Ketoura. 2 Elle lui enfanta Zimrân, Yokchân, Medân, Midyân, Yichbak et Chouah.

3 Yokchân engendra Cheba et Dedân ; et les fils de Dedân furent les Achourim, les Letouchim et les Leoummim.

4 Les enfants de Midyân : Efa, Efer, Hanoc, Abida et Eldaa. Tous ceux-là furent les enfants de Ketoura.

5 Abraham donna tout ce qu'il possédait à Isaac.

6 Quant aux fils des concubines qu'avait eues Abraham, il leur fit des présents ; et tandis qu'il vivait encore, il les relégua loin d'Isaac, son fils, vers l'orient, dans le pays de Kédem.

7 Le nombre des années que vécut Abraham fut de cent soixante-quinze ans.

8 Abraham défaillit et mourut, dans une heureuse vieillesse, âgé et satisfait ; et il rejoignit ses pères.

9 Il fut inhumé par Isaac et Ismaël, ses fils, dans le caveau de

Makpéla, dans le domaine d'Efrôn, fils de Çohar, Héthéen, qui est en face de Mambré ;

10 ce domaine qu'Abraham avait acquis des enfants de Heth. Là furent ensevelis Abraham et Sara son épouse.

11 Après la mort d'Abraham, le Seigneur bénit Isaac, son fils. Isaac s'établit prés de la source du Vivant-qui-me-voit.

12 Suivent les générations d'Ismaël, fils d'Abraham, que l'Égyptienne Agar, esclave de Sara, avait enfanté à Abraham.

13 Voici les noms des fils d'Ismaël, désignés selon leur ordre de naissance : le premier-né d'Ismaël, Nebaïoth ; puis Kédar, Adbeél, Mibsam ;

14 Michma, Douma, Massa ;

15 Hadad, Tèma, Yetour, Nafich et Kédma

16 Tels sont les fils d'Ismaël et tels sont leurs noms, chacun dans sa bourgade et dans son domaine ; douze chefs de peuplades distinctes.

17 Le nombre des années de la vie d'Ismaël fut de cent trente-sept ans. Il défaillit et mourut et rejoignit ses pères.

18 Ces peuplades habitaient depuis Havila jusqu'à Chour, en face de l'Égypte, jusque vers Achour. Il s'étendit ainsi à la face de tous ses frères.

19 Ceci est l'histoire d'Isaac, fils d'Abraham : Abraham engendra Isaac.

20 Isaac avait quarante ans lorsqu'il prit pour épouse Rébecca, fille de Bathuel, l'Araméen, du territoire d'Aram, sœur de Laban, l'Araméen.

21 Isaac implora l'Éternel au sujet de sa femme parce qu'elle était stérile ; l'Éternel accueillit sa prière et Rébecca, sa femme, devint enceinte.

22 Comme les enfants s'entre poussaient dans son sein, elle

dit "Si cela est ainsi, à quoi suis-je destinée !" Et elle alla consulter le Seigneur.

23 Le Seigneur lui dit : "Deux nations sont dans ton sein et deux peuples sortiront de tes entrailles ; un peuple sera plus puissant que l'autre et l'aîné obéira au plus jeune."

24 L'époque de sa délivrance arrivée, il se trouva qu'elle portait des jumeaux.

25 Le premier qui sortit était roux et tout son corps pareil à une pelisse ; on lui donna le nom d'Ésaü.

26 Ensuite naquit son frère tenant de la main le talon d'Ésaü et on le nomma Jacob. Isaac avait soixante ans lors de leur naissance.

27 Les enfants ayant grandi, Ésaü devint un habile chasseur, un homme des champs, tandis que Jacob, homme inoffensif, vécut sous la tente.

28 Isaac préférait Ésaü parce qu'il mettait du gibier dans sa bouche ; mais Rébecca préférait Jacob.

29 Un jour Jacob faisait cuire un potage quand Ésaü revint des champs, fatigué.

30 Ésaü dit à Jacob : "Laisse-moi avaler, je te prie, de ce rouge, de ce mets rouge, car je suis fatigué." C'est à ce propos qu'on le nomma Édom.

31 Jacob dit : "Vends-moi d'abord ton droit d'aînesse."

32 Ésaü répondit : "Certes ! Je marche à la mort ; à quoi me sert donc le droit d'aînesse ?"

33 Jacob dit : "Jure le moi dès à présent." Et il lui fit serment et il vendit son droit d'aînesse à Jacob.

34 Jacob servit à Ésaü du pain et un plat de lentilles ; il mangea et but, se leva et ressortit. C'est ainsi qu'Ésaü dédaigna le droit d'aînesse.

CHAPITRE VINGT-SIX

Il y eut une famine dans le pays, outre la première famine qui avait sévi du temps d'Abraham. Isaac alla chez Abimélec, roi des Philistins, à Gherar.

2 Le Seigneur lui apparut et dit : "Ne descends pas en Egypte ; fixe ta demeure dans le pays que je te désignerai.

3 Arrête-toi dans ce pays ci, je serai avec toi et je te bénirai ; car à toi et à ta postérité je donnerai toutes ces provinces, accomplissant ainsi le serment que j'ai fait à ton père Abraham.

4 Je multiplierai ta race comme les astres du ciel ; je lui donnerai toutes ces provinces et en ta race s'estimeront bénies toutes les nations du monde :

5 En récompense de ce qu'Abraham a écouté ma voix et suivi mon observance, exécutant mes préceptes, mes lois et mes doctrines."

6 Et Isaac demeura à Gherar.

7 Les habitants du lieu s'enquérant au sujet de sa femme, il dit : "Elle est ma sœur" car il n'osait dire ma femme : "les gens

du lieu pourraient me tuer à cause de Rébecca, car elle est d'une grande beauté."

8 Or, il y demeurait depuis longtemps lorsque Abimélec, roi des Philistins, regardant par la fenêtre, vit Isaac caresser Rébecca sa femme.

9 Abimélec manda Isaac et dit : "Assurément, c'est ta femme ; comment donc as tu pu dire : Elle est ma sœur !" Isaac lui répondit : "Parce que je me disais : Je pourrais périr à cause d'elle."

10 Abimélec dit : "Que nous as tu fait là ! Peu s'en est fallu que l'un de nous n'eut commencé commerce avec ta femme et tu nous aurais rendu coupables."

11 Abimélec fit une injonction à tout le peuple, en disant :"Quiconque touchera à cet homme ou à sa femme sera puni de mort."

12 Isaac sema dans ce pays-là et recueillit, cette même année, au centuple : tant le Seigneur le bénissait.

13 Cet homme devint grand ; puis sa grandeur alla croissant et enfin il fut très grand.

14 Il avait des possessions en menu bétail, des possessions en gros bétail, des cultures considérables et les Philistins le jalousèrent.

15 Tous les puits qu'avaient creusés les serviteurs de son père, du temps de son père Abraham, les Philistins les comblèrent en les remplissant de terre.

16 Abimélec dit à Isaac : "Cesse d'habiter avec nous car tu es trop puissant pour nous."

17 Isaac se retira de ce lieu, fit halte dans la vallée de Gherar et s'y établit.

18 Isaac se remit à creuser les puits qu'on avait creusés du

temps d'Abraham son père et que les Philistins avaient comblés après la mort d'Abraham. Il leur imposa les mêmes noms que leur avait imposés son père.

19 Les serviteurs d'Isaac, en creusant dans la vallée, y découvrirent une source d'eau vive.

20 Les pâtres de Gherar cherchèrent querelle à ceux d'Isaac, en disant : "L'eau est à nous !" Il appela ce puits Esek parce qu'on le lui avait contesté.

21 Ils creusèrent un nouveau puits sur lequel on se querella encore. Il lui donna le nom de Sitna.

22 Il délogea de là et creusa un autre puits, qu'on ne lui disputa point ; il le nomma Rehoboth, disant : "Pour le coup, le Seigneur nous a élargis et nous prospérerons dans la contrée."

23 Il monta de là à Beer Shava.

24 L'Éternel se révéla à lui cette même nuit, en disant : "Je suis le Dieu d'Abraham ton père ; sois sans crainte, car je suis avec toi, je te bénirai et je multiplierai ta race, pour l'amour d'Abraham mon serviteur."

25 Il érigea en ce lieu un autel et proclama le nom de l'Éternel. Il y dressa sa tente et ses serviteurs y creusèrent un puits.

26 Or, Abimélec alla chez lui, de Gherar, avec Ahouzzath son confident et Pikol son général d'armée.

27 Isaac leur dit : "Pourquoi êtes vous venus à moi, alors que vous me haïssez et que vous m'avez éconduit de chez vous ?"

28 Ils répondirent : "Nous avons bien vu que le Seigneur était avec toi et nous avons dit : 'Oh ! qu'il y ait un engagement réciproque entre nous et toi !' Nous voudrions conclure ce pacte avec toi,

29 que tu t'abstiendras de nous nuire, de même que nous ne t'avons pas touché, que nous en avons toujours bien usé avec toi

et que nous t'avons renvoyé en paix. Maintenant, sois béni de Dieu !"

30 Il leur prépara un festin, ils mangèrent et burent.

31 Le lendemain de bon matin ils se prêtèrent serment l'un à l'autre ; Isaac les reconduisit et ils le quittèrent amicalement.

32 Or ce même jour, les serviteurs d'Isaac virent lui donner des nouvelles du puits qu'ils avaient creusé ; ils lui dirent : "Nous avons trouvé de l'eau."

33 Il le nomma Chiba ; de là cette ville s'est nommée Beer Shava, nom qu'elle porte encore.

34 Ésaü, âgé de quarante ans, prit pour femmes Judith, fille de Beéri le Héthéen et Bâsemath, fille d'Élôn le Héthéen.

35 Elles furent une amère affliction pour Isaac et pour Rébecca.

CHAPITRE VINGT-SEPT

Il arriva, comme Isaac était devenu vieux, que sa vue s'obscurcit. Un jour, il appela Ésaü, son fils aîné et lui dit : "Mon fils !" Il répondit : "Me voici."

2 Isaac reprit "Vois, je suis devenu vieux, je ne connais point l'heure de ma mort.

3 Et maintenant, je te prie, prends tes armes, ton carquois et ton arc ; va aux champs et prends du gibier pour moi.

4 Fais m'en un ragoût comme je l'aime, sers-le moi et que j'en mange afin que mon cœur te bénisse avant ma mort.

5 Or Rébecca entendit ce qu'Isaac disait à Ésaü son fils. Ésaü alla aux champs pour chasser du gibier et le rapporter.

6 Cependant Rébecca dit à Jacob, son fils : "Ecoute ; j'ai entendu ton père parler ainsi à Ésaü, ton frère :

7 'Apporte-moi du gibier et apprête moi un ragoût que je mangerai et je te bénirai devant le Seigneur avant de mourir.'

8 Et maintenant, mon fils, sois docile à ma voix, sur ce que je vais t'ordonner :

9 va au menu bétail et prends moi deux beaux chevreaux et j'en ferai pour ton père un ragoût tel qu'il l'aime.

10 Tu le présenteras à ton père et il mangera ; de sorte qu'il te bénira avant de mourir."

11 Jacob dit à Rébecca sa mère : "Mais Ésaü, mon frère, est un homme velu et moi je ne le suis pas.

12 Si par hasard mon père me tâte, je serai à ses yeux comme un trompeur, et, au lieu de bénédiction, c'est une malédiction que j'aurai attirée sur moi !"

13 Sa mère lui répondit : "Je prends sur moi ta malédiction, mon fils. Obéis seulement à ma voix et va me chercher ce que j'ai dit."

14 Il alla le chercher et l'apporta à sa mère. Celle ci en fit un mets selon le goût de son père.

15 Puis Rébecca prit les plus beaux vêtements d'Ésaü, son fils aîné, lesquels étaient sous sa main dans la maison et elle en revêtit Jacob, son plus jeune fils ;

16 de la peau des chevreaux, elle enveloppa ses mains et la surface lisse de son cou,

17 et posa le mets avec le pain, qu'elle avait apprêtés, dans la main de Jacob, son fils.

18 Celui-ci entra chez son père, disant : "Mon père !" Il répondit : "Me voici ; qui es tu, mon fils ?"

19 Jacob dit à son père : "Je suis Ésaü, ton premier né ; j'ai fait ainsi que tu m'as dit. Viens donc, assieds toi et mange de ma chasse afin que ton cœur me bénisse."

20 Isaac dit à son fils : "Qu'est ceci ? tu as été prompt à faire capture mon fils !" Il répondit : "C'est que l'Éternel ton Dieu m'a donné bonne chance."

21 Isaac dit à Jacob "Approche que je te tâte, mon fils, pour savoir si tu es mon fils Ésaü ou non."

22 Jacob s'approcha d'Isaac, son père, qui le tâta et dit : "Cette voix, c'est la voix de Jacob ; mais ces mains sont les mains d'Ésaü."

23 Il ne le reconnut point, parce que ses mains étaient velues comme celles d'Ésaü son frère. Et il le bénit.

24 Il dit encore : "Tu es bien mon fils Ésaü ?" Il répondit : "Je le suis."

25 Il reprit : "Donne, que je mange de la chasse de mon fils afin que mon cœur te bénisse !" Il le servit et il mangea ; lui présenta du vin et il but.

26 Isaac son père lui dit : "Approche, je te prie et embrasse moi, mon fils."

27 Il s'approcha et l'embrassa. Isaac aspira l'odeur de ses vêtements ; il le bénit et dit : "Voyez ! le parfum de mon fils est comme le parfum d'une terre favorisée du Seigneur !

28 Puisse-t-il t'enrichir, le Seigneur, de la rosée des cieux et des sucs de la terre, d'une abondance de moissons et de vendanges !

29 Que des peuples t'obéissent ! Que des nations tombent à tes pieds ! Sois le chef de tes frères et que les fils de ta mère se prosternent devant toi ! Malédiction à qui te maudira et qui te bénira soit béni !"

30 Or, comme Isaac avait achevé de bénir Jacob, il arriva que Jacob sortait précisément de devant Isaac son père, lorsque son frère Ésaü revint de la chasse.

31 Il apprêta, lui aussi, un ragoût et le présenta à son père en lui disant : "Que mon père se dispose à manger de la chasse de son fils, afin que ton cœur me bénisse.

32 Isaac, son père, lui demanda : "Qui es-tu ?" Il répondit : "Je suis ton fils, ton premier-né, Ésaü."

33 Isaac fut saisi d'une frayeur extrême et il dit : "Quel est donc cet autre, qui avait pris du gibier et me l'avait apporté ? J'ai mangé de tout avant ton arrivée et je l'ai béni. Eh bien ! Il restera béni !"

34 Ésaü, entendant les paroles de son père, poussa des cris bruyants et douloureux et il dit à son père "Moi aussi bénis-moi, mon père !"

35 Il répondit : "Ton frère a usé de ruse et il a enlevé ta bénédiction."

36 Ésaü dit alors : "Est ce parce qu'on l'a nommé Jacob qu'il m'a supplanté deux fois déjà ? Il m'a enlevé mon droit d'aînesse et voici que maintenant il m'enlève ma bénédiction !" Et il ajouta : "N'as tu pas réservé une bénédiction pour moi ?"

37 Isaac répondit en ces termes à Ésaü : "Certes ! je l'ai institué ton supérieur, j'ai fait de tous ses frères ses serviteurs, je lai gratifié de la moisson et de la vendange : pour toi, dès lors, que puis je faire, mon fils ?"

38 Ésaü dit à son père : "Ne possèdes tu qu'une seule bénédiction, mon père ? Mon père, bénis moi aussi !" Et Esaü éclata en pleurs.

39 Pour réponse, Isaac son père lui dit : "Eh bien ! une grasse contrée sera ton domaine et les cieux t'enverront leur rosée.

40 Mais tu ne vivras qu'à la pointe de ton épée ; tu seras tributaire de ton frère. Pourtant, après avoir plié sous le joug, ton cou s'en affranchira."

41 Ésaü prit Jacob en haine à cause de la bénédiction que son père lui avait donnée. Et Ésaü se dit en lui même : "Le temps du deuil de mon père approche ; je ferai périr Jacob mon frère."

42 Et Rébecca fut informée des desseins d'Ésaü son fils aîné. Elle fit appeler Jacob, son plus jeune fils et lui dit "Écoute, Ésaü ton frère veut se venger de toi en te faisant mourir.

43 Et maintenant, mon fils, obéis à ma voix : pars, va te réfugier auprès de Laban, mon frère, à Haràn.

44 Tu resteras chez lui quelque temps, jusqu'à ce que s'apaise la fureur de ton frère.

45 Lorsque l'animosité de ton frère ne te menacera plus et qu'il aura oublié ce que tu lui as fait, je t'enverrai ramener de là bas : pourquoi m'exposer à vous perdre tous deux à la fois ?"

46 Rébecca dit à Isaac : "La vie m'est à charge, à cause des filles de Heth. Si Jacob choisit une épouse parmi les filles de Heth, telle que celles-ci, parmi les filles de cette contrée, que m'importe la vie ?"

CHAPITRE VINGT-HUIT

Isaac appela Jacob et le bénit, puis lui fit cette recommandation : "Ne prends pas femme parmi les filles de Canaan.

2 Lève toi, va dans le territoire d'Aram, dans la demeure de Bathuel, père de ta mère ; et choisis toi là une femme parmi les filles de Laban, le frère de ta mère.

3 Le Dieu tout puissant te bénira, te fera croître et multiplier et tu deviendras une congrégation de peuples.

4 Et il t'attribuera la bénédiction d'Abraham, à toi et à ta postérité avec toi, en te faisant possesseur de la terre de tes pérégrinations, que Dieu a donnée à Abraham."

5 Isaac envoya ainsi Jacob au territoire d'Aram, chez Laban, fils de Bathuel, l'Araméen, frère de Rébecca, mère de Jacob et d'Ésaü.

6 Ésaü vit qu'Isaac avait béni Jacob, qu'il l'avait envoyé au territoire d'Aram pour s'y choisir une épouse ; qu'en le bénissant

il lui avait donné cet ordre : "Ne prends point femme parmi les filles de Canaan" ;

7 que Jacob, obéissant à son père et à sa mère, était allé au territoire d'Aram :

8 et Ésaü comprit que les filles de Canaan déplaisaient à Isaac son père.

9 Alors Ésaü alla vers Ismaël et prit pour femme Mahalath, fille d'Ismaël, fils d'Abraham, sœur de Nebaïoth, en outre de ses premières femmes.

10 Jacob sortit de Beer Shava et se dirigea vers Haran.

11 Il arriva dans un endroit où il établit son gîte, parce que le soleil était couché. Il prit une des pierres de l'endroit, en fit son chevet et passa la nuit dans ce lieu.

12 Il eut un songe que voici : Une échelle était dressée sur la terre, son sommet atteignait le ciel et des messagers divins montaient et descendaient le long de cette échelle.

13 Puis, l'Éternel apparaissait au sommet et disait : "Je suis l'Éternel, le Dieu d'Abraham ton père et d'Isaac ; cette terre sur laquelle tu reposes, je te la donne à toi et à ta postérité.

14 Elle sera, ta postérité, comme la poussière de la terre ; et tu déborderas au couchant et au levant, au nord et au midi ; et toutes les familles de la terre seront heureuses par toi et par ta postérité.

15 Oui, je suis avec toi ; je veillerai sur chacun de tes pas et je te ramènerai dans cette contrée, car je ne veux point t'abandonner avant d'avoir accompli ce que je t'ai promis."

16 Jacob, s'étant réveillé, s'écria : "Assurément, l'Éternel est présent en ce lieu et moi je l'ignorais."

17 Et, saisi de crainte, il ajouta : "Que ce lieu est redoutable !

ceci n'est autre que la maison du Seigneur et c'est ici la porte du ciel."

18 Jacob se leva de grand matin ; il prit la pierre qu'il avait mise sous sa tête, l'érigea en monument et répandit de l'huile à son faîte.

19 Il appela cet endroit Béthel ; mais Louz était d'abord le nom de la ville.

20 Jacob prononça un vœu en ces termes : "Si le Seigneur est avec moi, s'il me protège dans la voie où je marche, s'il me donne du pain à manger et des vêtements pour me couvrir ;

21 si je retourne en paix à la maison paternelle, alors le Seigneur aura été un Dieu pour moi

22 et cette pierre que je viens d'ériger en monument deviendra la maison du Seigneur et tous les biens que tu m'accorderas, je veux t'en offrir la dîme."

CHAPITRE VINGT-NEUF

Jacob se remit en chemin et alla vers la terre des enfants de l'Orient.

2 Il vit un puits dans les champs et là, trois troupeaux de menu bétail étaient couchés à l'entour, car ce puits servait à abreuver les troupeaux. Or la pierre, sur la margelle du puits, était grosse.

3 Quand tous les troupeaux y étaient réunis, on faisait glisser la pierre de dessus la margelle du puits et l'on abreuvait le bétail, puis on replaçait la pierre sur la margelle du puits.

4 Jacob leur dit : "Mes frères, d'où êtes vous ?" Ils répondirent : "Nous sommes de Haran."

5 Il leur dit : "Connaissez-vous Laban, fils de Nahor ?" Ils répondirent : "Nous le connaissons."

6 Il leur dit : "Est-il en paix ?" Et ils répondirent : "En paix ; et voici Rachel, sa fille, qui vient avec son troupeau."

7 "Mais," reprit-il, "le jour est encore long, il n'est pas

l'heure de faire rentrer le bétail : abreuvez les brebis et les menez paître."

8 Ils dirent : "Nous ne saurions, jusqu'à ce que tous les troupeaux soient rassemblés : on déplacera alors la pierre qui couvre l'orifice du puits et nous ferons boire les brebis."

9 Comme il s'entretenait avec eux, Rachel vint avec le troupeau de son père car elle était bergère.

10 Lorsque Jacob vit Rachel, fille de Laban, frère de sa mère et les brebis de ce dernier, il s'avança, fit glisser la pierre de dessus la margelle du puits et fit boire les brebis de Laban, frère de sa mère.

11 Et Jacob embrassa Rachel et il éleva la voix en pleurant.

12 Et Jacob apprit à Rachel qu'il était parent de son père, qu'il était le fils de Rébecca. Elle courut l'annoncer à son père.

13 Aussitôt que Laban eut appris l'arrivée de Jacob, le fils de sa sœur, il courut au devant de lui, il l'embrassa, le couvrit de baisers et l'emmena dans sa demeure. Jacob raconta à Laban tous ces événements.

14 Laban lui dit : "Tu n'es rien moins que mon corps et ma chair !" Et il demeura avec lui un mois durant.

15 Alors Laban dit à Jacob : "Quoi ! parce que tu es mon parent, tu me servirais gratuitement ? Déclare moi quel doit être ton salaire."

16 Or, Laban avait deux filles : le nom de l'aînée était Léa, celui de la cadette Rachel.

17 Léa avait les yeux faibles ; Rachel était belle de taille et belle de visage.

18 Jacob avait conçu de l'amour pour Rachel. Il dit : "Je te servirai sept ans pour Rachel, ta plus jeune fille."

19 Laban répondit : "J'aime mieux te la donner que de la donner à un autre époux : demeure avec moi."

20 Jacob servit, pour obtenir Rachel, sept années et elles furent à ses yeux comme quelques jours, tant il l'aimait.

21 Jacob dit à Laban : "Donne-moi ma femme, car mon temps est accompli et je veux m'unir à elle."

22 Laban réunit tous les habitants du lieu et donna un festin.

23 Mais, le soir venu, il prit Léa sa fille et la lui amena et Jacob s'unit à elle.

24 Laban avait aussi donné Zilpa, son esclave, à Léa, sa fille, comme esclave.

25 Or, le matin, il se trouva que c'était Léa ; et il dit à Laban : "Que m'as-tu fait là ! N'est ce pas pour Rachel que j'ai servi chez toi ? Et pourquoi m'as-tu trompé ?"

26 Laban répondit : "Ce n'est pas l'usage, dans notre pays, de marier la cadette avant l'aînée.

27 Achève la semaine de celle ci et nous te donnerons également celle là en échange du service que tu feras encore chez moi pendant sept autres années."

28 Ainsi fit Jacob, il acheva la semaine de la première ; puis Laban lui accorda Rachel, sa fille, pour épouse.

29 Laban donna, à Rachel sa fille, Bilha, son esclave, pour qu'elle devint la sienne.

30 Jacob s'unit pareillement à Rachel et persista à aimer Rachel plus que Léa ; et il servit encore chez Laban sept autres années.

31 Le Seigneur considéra que Léa était dédaignée et il rendit son sein fécond, tandis que Rachel fut stérile.

32 Léa conçut et enfanta un fils. Elle le nomma Ruben "parce

que, dit elle, le Seigneur a vu mon humiliation, de sorte qu'à présent mon époux m'aimera."

33 Elle conçut de nouveau et enfanta un fils. Elle dit : "Parce que le Seigneur a entendu que j'étais dédaignée, il m'a accordé aussi celui là." Et elle l'appela Siméon.

34 Elle conçut de nouveau et enfanta un fils. Elle dit : "Ah ! désormais mon époux me sera attaché, puisque je lui ai donné trois fils." C'est pourquoi on l'appela Lévi.

35 Elle conçut encore et mit au monde un fils et elle dit : "Pour le coup, je rends grâce à l'Éternel !" C'est pourquoi elle le nomma Juda. Alors elle cessa d'enfanter.

CHAPITRE TRENTE

Rachel, voyant qu'elle ne donnait pas d'enfants à Jacob, conçut de l'envie contre sa sœur et elle dit à Jacob." Rends moi mère, autrement j'en mourrai !"

2 Jacob se fâcha contre Rachel et dit : "Suis je à la place de Dieu, qui t'a refusé la fécondité ?"

3 Elle dit alors : "Voici ma servante Bilha, approche toi d'elle ; elle enfantera dans mes bras, et, par elle, moi aussi je serai mère."

4 Elle lui donna Bilha, son esclave, comme épouse et Jacob s'approcha d'elle.

5 Bilha conçut et enfanta un fils à Jacob.

6 Rachel dit alors : "Le Seigneur m'a jugée et il a écouté ma voix aussi en me donnant un fils." C'est pourquoi elle le nomma Dan.

7 Bilha, l'esclave de Rachel, conçut de nouveau et enfanta un second fils à Jacob.

8 Et Rachel dit : "C'est une lutte de Dieu que j'ai entreprise

contre ma sœur et pourtant je triomphe !" Et elle le nomma Nephtali.

9 Léa, voyant qu'elle avait discontinué d'enfanter, prit Zilpa, son esclave et la donna à Jacob comme épouse.

10 Zilpa, esclave de Léa, donna à Jacob un fils.

11 Et Léa dit : "Une bande m'arrive !"

12 Zilpa, esclave de Léa, donna un second fils à Jacob.

13 Et Léa dit : "Il est né pour mon bonheur ! Oui, les filles m'ont nommée bienheureuse." Et elle l'appela Aser.

14 Or, Ruben étant allé aux champs à l'époque de la récolte du froment, y trouva des mandragores et les apporta à Léa sa mère. Rachel dit à Léa ; "Donne-moi, je te prie, des mandragores de ton fils."

15 Elle lui répondit : "N'est ce pas assez que tu te sois emparée de mon époux, sans prendre encore les mandragores de mon fils ?" Rachel reprit : "Eh bien ! Il reposera cette nuit avec toi en échange des mandragores de ton fils."

16 Jacob revenant des champs, le soir, Léa sortit à sa rencontre et dit : "C'est à mes côtés que tu viendras, car je t'ai retenu pour les mandragores de mon fils." Et il reposa près d'elle cette nuit là.

17 Le Seigneur exauça Léa : elle conçut et enfanta à Jacob un cinquième fils.

18 Et Léa dit "Le Seigneur m'a récompensée d'avoir donné mon esclave à mon époux." Et elle lui donna le nom d'Issachar.

19 Léa conçut de nouveau et donna un sixième fils à Jacob.

20 Et Léa dit : "Le Seigneur m'a accordée, moi, comme un don précieux ; désormais mon époux fera de moi sa compagne, car je lui ai enfanté six fils." Et elle appela celui ci Zabulon.

21 Plus tard elle enfanta une fille et elle la nomma Dina.

22 Le Seigneur se souvint de Rachel : il l'exauça et donna la fécondité à son sein.

23 Elle conçut et enfanta un fils ; et elle dit : "Dieu a effacé ma honte."

24 Elle énonça son nom Joseph, en disant "Dieu veuille me donner encore un second fils !"

25 Or, après que Rachel eut donné le jour à Joseph, Jacob dit à Laban : "Laisse moi partir, que je retourne chez moi, dans mon pays.

26 Donne moi mes femmes et mes enfants, ces femmes pour lesquelles je t'ai servi et que je m'en aille : car tu sais toi même avec quel zèle je t'ai servi."

27 Laban lui répondit : "Ah ! Si je trouvais grâce à tes yeux ! J'avais bien auguré ; l'Éternel m'a béni à cause de toi."

28 Il continua : "Dicte moi ton salaire, je le donnerai."

29 Il lui répondit : "Tu sais comment je t'ai servi et ce qu'est devenu ton bétail entre mes mains.

30 Oui, de faible qu'il était avant moi, il s'est accru considérablement et l'Éternel t'a béni grâce à moi. Et maintenant, quand travaillerai-je à mon tour pour ma famille ?"

31 Il répondit : "Que te donnerai-je ?" Jacob répliqua : "Tu ne me donneras rien ; mais si tu m'accordes la chose que voici, je recommencerai à conduire ton menu bétail, à le surveiller.

32 Je passerai en revue tout ton bétail aujourd'hui pour en écarter tous les agneaux pointillés et mouchetés et tous les agneaux bruns, parmi les brebis et les chevreaux mouchetés et pointillés, parmi les chèvres : ce sera mon salaire.

33 Mon droit parlera pour moi au jour à venir, où tu viendras vérifier mon salaire par tes yeux tout ce qui ne sera pas pointillé

ou moucheté parmi les chèvres, brun parmi les brebis, je l'aurai volé."

34 Laban répondit : "Bien ; qu'il en soit comme tu as dit."

35 Il mit à part, ce jour même, les boucs rayés ou mouchetés, toutes les chèvres pointillées ou mouchetées, tout ce qui était mêlé de blanc et toutes les brebis brunes et il les remit entre les mains de ses fils.

36 Il mit une distance de trois journées entre lui et Jacob ; et Jacob conduisit paître le reste du troupeau de Laban.

37 Or, Jacob se pourvut de rameaux verts de peuplier, d'amandier et de platane ; il y pratiqua des entailles blanches en mettant à découvert la blancheur des rameaux.

38 Il fixa les rameaux, ainsi écorcés, dans les rigoles, dans les auges où le menu bétail venait boire en face du menu bétail et entrait en chaleur en venant ainsi boire.

39 Les brebis s'échauffèrent devant les rameaux et produisirent des agneaux rayés, pointillés, mouchetés.

40 Ces agneaux, Jacob les tenait à distance et il tournait la face du bétail de Laban, du coté des tachetés et des bruns ; plus tard il les réunit en troupeau pour lui seul et ne les mêla point au bétail de Laban.

41 Or, chaque fois que les brebis se livraient avec ardeur à l'accouplement, Jacob exposait les rameaux à leurs regards, dans les rigoles, pour qu'elles conçussent devant ces rameaux,

42 mais quand elles s'y livraient languissamment, il ne le faisait point : de sorte que les agneaux débiles furent pour Laban, les vigoureux pour Jacob.

43 Cet homme s'enrichit prodigieusement ; il acquit du menu bétail en quantité, des esclaves mâles et femelles, des chameaux et des ânes.

CHAPITRE TRENTE-ET-UN

Or, il fut instruit des propos des fils de Laban, qui disaient : "Jacob s'est emparé de tout ce que possédait notre père ; c'est des biens de notre père qu'il a créé toute cette opulence."

2 Jacob remarqua que la face de Laban n'était plus à son égard comme précédemment.

3 Et l'Éternel dit à Jacob : "Retourne au pays de tes pères, dans ton lieu natal ; je serai avec toi."

4 Alors Jacob envoya quérir Rachel et Léa aux champs, près de son troupeau ;

5 et il leur dit : "Je vois, au visage de votre père, qu'il n'est plus pour moi comme hier ni avant hier ; mais le Dieu de mon père a été avec moi.

6 Pour vous, vous savez que j'ai servi votre père de toutes mes forces,

7 tandis que votre père s'est joué de moi et dix fois a changé mon salaire ; mais Dieu n'a pas permis qu'il me fit du tort.

8 Lorsqu'il parlait ainsi : 'Les bêtes pointillées seront ton salaire', tout le bétail produisait des animaux pointillés ; disait-il : 'Les rayés seront ton salaire', tout le bétail en produisait des rayés.

9 C'est Dieu qui a dégagé le bétail de votre père et me l'a donné.

10 Or, à l'époque où les troupeaux s'accouplent, je levai les yeux et j'eus une vision et voici que les mâles qui fécondaient le bétail étaient rayés, pointillés et grivelés.

11 Un envoyé du Seigneur me dit dans la vision : 'Jacob !' Je répondis : 'Me voici.'

12 Il reprit : 'Lève les yeux et regarde ; tous les mâles qui fécondent le bétail sont rayés, pointillés et grivelés. C'est que j'ai vu la conduite de Laban à ton égard.

13 Je suis la Divinité de Béthel, où tu as consacré un monument, où tu as prononcé un vœu en mon honneur. Maintenant, dispose-toi à sortir de ce pays et retourne au pays de ta naissance.' "

14 Pour réponse, Rachel et Léa lui dirent : "Est il encore pour nous une part et un héritage dans la maison de notre père ?

15 N'avons nous pas été considérées par lui comme des étrangères, puisqu'il nous a vendues ? Il a consommé, oui, consommé notre bien !

16 Certes, toute la fortune que Dieu a retirée à notre père, elle est à nous et à nos enfants ; et maintenant, tout ce que Dieu t'a dit, fais le."

17 Jacob s'y disposa. Il fit monter ses fils et ses femmes sur les chameaux ;

18 il emmena tout son bétail avec tous les biens qu'il avait

amassés, possessions à lui, qu'il avait acquises dans le territoire d'Aram et s'achemina vers son père Isaac au pays de Canaan.

19 Comme Laban était allé faire la tonte de ses brebis, Rachel déroba les pénates de son père.

20 Jacob trompa l'esprit de Laban l'Araméen, en s'enfuyant sans lui rien dire.

21 Il s'enfuit donc, lui et tout ce qui lui appartenait ; il se mit en devoir de passer le fleuve, puis il se dirigea vers le mont Galaad.

22 Laban fut informé, le troisième jour, que Jacob s'était enfui.

23 Il prit ses frères avec lui, le poursuivit l'espace de sept journées et le joignit au mont Galaad.

24 Mais Dieu visita Laban l'Araméen dans un songe nocturne et lui dit : "Garde toi d'interpeller Jacob, en bien ou en mal."

25 Laban arriva jusqu'à Jacob. Or, Jacob avait dressé sa tente sur la montagne et Laban posta ses frères sur la même montagne de Galaad.

26 Laban dit à Jacob : "Qu'as-tu fait ? Tu as abusé mon esprit et tu as emmené mes filles comme des prisonnières de guerre !

27 Pourquoi t'es tu enfui furtivement et m'as tu trompé et ne m'as tu rien dit ? Mais je t'aurais reconduit avec allégresse, avec des chants, au son du tambourin et de la harpe !

28 Et puis, tu ne m'as pas laissé embrasser mes fils et mes filles ! Certes, tu as agi en insensé.

29 Il serait au pouvoir de ma main de vous faire du mal ; mais le Dieu de votre père, cette nuit, m'a parlé ainsi : 'Garde toi d'interpeller Jacob, soit en bien, soit en mal.'

30 Et maintenant que tu t'en vas, parce que tu soupires après la maison de ton père, pourquoi as tu dérobé mes dieux ?"

31 Jacob répondit en ces termes à Laban : "J'ai craint, parce que je me disais que tu pourrais m'enlever de force tes filles.

32 Quant à celui que tu trouverais en possession de tes dieux, qu'il cesse de vivre ! En présence de nos frères, vérifie toi même ce qui est par devers moi et reprends ton bien." Or, Jacob ne savait pas que Rachel les avait dérobés.

33 Laban entra dans la tente de Jacob, dans celle de Léa, dans celle des deux servantes et ne les trouva point. Étant sorti de la tente de Léa, il entra dans celle de Rachel.

34 Mais Rachel avait pris les pénates, les avait cachés dans la selle du chameau et s'était assise dessus. Laban fouilla toute la tente et ne les trouva point.

35 Elle dit à son père : "Ne sois pas offensé, mon seigneur, si je ne puis me lever devant toi à cause de l'incommodité habituelle des femmes." Il chercha encore et il ne trouva point les pénates.

36 Jacob s'emporta en plaintes contre Laban ; il se récria, disant à Laban : "Quel est mon crime, quelle est ma faute, pour que tu t'acharnes après moi ?

37 Après avoir fureté tout mon ménage, qu'as tu découvert qui appartienne à ta maison ? Expose le ici, en présence de mes frères et des tiens et qu'ils se prononcent entre nous deux !

38 Ces vingt ans que j'ai été chez toi, tes brebis, ni tes chèvres n'ont avorté et les béliers de ton troupeau, je n'en ai point mangé.

39 La bête mise en pièces, je ne te l'ai point rapportée ; c'est moi qui en souffrais le dommage, tu me la faisais payer, qu'elle eût été prise le jour, qu'elle eût été ravie la nuit.

40 J'étais, le jour, en proie au hâle et aux frimas la nuit ; et le sommeil fuyait de mes yeux.

41 J'ai passé ainsi vingt années dans ta maison ! Je t'ai servi quatorze ans pour tes deux filles et six ans pour ton menu bétail et tu as changé dix fois mon salaire.

42 Si le Dieu de mon père, le Dieu d'Abraham et celui que révère Isaac ne m'était venu en aide, certes, actuellement tu m'aurais laissé partir les mains vides. Dieu a vu mon humiliation et le labeur de mes mains et il a prononcé hier."

43 Laban répondit à Jacob : "Ces filles sont mes filles et ces fils sont mes fils et ce bétail est le mien ; tout ce que tu vois m'appartient. Étant mes filles, comment agirais je contre elles, dès lors, ou contre les fils qu'elles ont enfantés ?

44 Maintenant, tiens, concluons une alliance, moi et toi, ce sera une alliance entre nous deux."

45 Jacob prit une pierre et l'érigea en monument.

46 Et il dit à ses frères : "Ramassez des pierres." Ils prirent des pierres et en firent un monceau et l'on mangea là, sur le monceau.

47 Laban l'appela Yegar Sahadouthâ et Jacob le nomma Galed.

48 Laban avait dit : "Ce monceau est un témoin entre nous deux dès aujourd'hui." De là on énonça son nom Galed ;

49 et aussi Miçpa, parce qu'il dit : "L'Éternel sera présent entre nous deux, alors que nous serons cachés l'un à l'autre.

50 Si tu outrageais mes filles ; si tu associais d'autres épouses à mes filles nul n'est avec nous ; mais vois ! Dieu est témoin entre moi et toi !"

51 Laban dit à Jacob : "Tu vois ce monceau, tu vois ce monument que j'ai posé entre nous deux ; soit témoin ce monceau,

52 soit témoin cette pierre, que je ne dépasserai point de ton côté ce monceau, que tu ne dépasseras point de mon côté ce monceau ni cette pierre, dans des vues mauvaises.

53 Puissent nous juger le Dieu d'Abraham et le dieu de Nahor, les divinités de leur père !" Et Jacob jura par le Dieu révéré de son père Isaac.

54 Jacob égorgea des animaux sur la montagne et invita ses parents au festin. Ils y prirent part et passèrent la nuit sur la montagne.

CHAPITRE TRENTE-DEUX

L aban se leva de bon matin, embrassa ses fils et ses filles et les bénit ; puis il partit et s'en retourna chez lui.

2 Pour Jacob, il poursuivit son voyage ; des envoyés du Seigneur se trouvèrent sur ses pas.

3 Jacob dit en les voyant : "Ceci est la légion du Seigneur !" Et il appela cet endroit Mahanayim.

4 Jacob envoya des messagers en avant, vers Ésaü son frère, au pays de Séir, dans la campagne d'Édom.

5 Il leur avait donné cet ordre : "Vous parlerez ainsi à mon seigneur, à Ésaü : 'Ainsi parle ton serviteur Jacob :

6 J'ai séjourné chez Laban et prolongé mon séjour jusqu'à présent. J'ai acquis boeufs et ânes, menu bétail, esclaves mâles et femelles ; je l'envoie annoncer à mon seigneur, pour obtenir faveur à ses yeux.' "

7 Les messagers revinrent près de Jacob, en disant : "Nous

sommes allés trouver ton frère Ésaü ; lui même vient à ta rencontre et quatre cents hommes l'accompagnent."

8 Jacob fut fort effrayé et plein d'anxiété. Il distribua son monde, le menu, le gros bétail et les chameaux en deux bandes,

9 se disant : "Si Ésaü attaque l'une des bandes et la met en pièces, la bande restante deviendra une ressource."

10 Puis Jacob dit "O Divinité de mon père Abraham, Divinité d'Isaac mon père ! Éternel, toi qui m'as dit : 'Retourne à ton pays et à ton lieu natal, je te comblerai ;'

11 je suis peu digne de toutes les faveurs et de toute la fidélité que tu as témoignées à ton serviteur, moi qui, avec mon bâton, avais passé ce Jourdain et qui à présent possède deux légions.

12 Sauve moi, de grâce, de la main de mon frère, de la main d'Ésaü ; car je crains qu'il ne m'attaque et ne me frappe, joignant la mère aux enfants !

13 Pourtant, tu as dit : 'Je te comblerai de faveurs et j'égalerai ta descendance au sable de la mer, dont la quantité est incalculable.' "

14 Il établit là son gîte pour cette nuit et il choisit, dans ce qui se trouvait en sa possession un hommage pour Ésaü son frère :

15 deux cents chèvres et vingt boucs, deux cents brebis et vingt béliers ;

16 trente chamelles laitières avec leurs petits, quarante vaches et dix taureaux, vingt ânesses et dix ânes.

17 Il remit aux mains de ses esclaves chaque troupeau à part et il leur dit : "Marchez en avant et laissez un intervalle entre un troupeau et l'autre."

18 Il donna au premier l'ordre suivant : "Lorsqu'Ésaü, mon

frère, te rencontrera et te demandera : 'A qui es-tu ? où vas tu ? et pour qui ce bétail qui te précède ?'

19 Tu répondras : 'A ton serviteur Jacob ; ceci est un hommage adressé à mon seigneur Ésaü ; et Jacob lui même nous suit.' "

20 Il ordonna de même au second, de même au troisième, de même à tous ceux qui conduisaient les troupeaux, en disant : "C'est ainsi que vous parlerez à Ésaü quand vous le rencontrerez.

21 Et vous direz : 'Voici que lui même, ton serviteur Jacob nous suit" car il disait : "Je veux rasséréner son visage par le présent qui me devance et puis je regarderai son visage, peut être deviendra t il bienveillant pour moi."

22 Le présent défila devant lui et lui, demeura cette nuit dans le camp.

23 Il se leva, quant à lui, pendant la nuit ; il prit ses deux femmes, ses deux servantes et ses onze enfants et passa le gué de Jaboc.

24 Puis il les aida à traverser le torrent et fit passer ce qui lui appartenait.

25 Jacob étant resté seul, un homme lutta avec lui, jusqu'au lever de l'aube.

26 Voyant qu'il ne pouvait le vaincre, il lui pressa la cuisse ; et la cuisse de Jacob se luxa tandis qu'il luttait avec lui.

27 Il dit : "Laisse moi partir, car l'aube est venue." Il répondit : "Je ne te laisserai point, que tu ne m'aies béni."

28 Il lui dit alors : "Quel est ton nom ?" Il répondit : "Jacob."

29 Il reprit : "Jacob ne sera plus désormais ton nom, mais bien Israël ; car tu as jouté contre des puissances célestes et humaines et tu es resté fort."

30 Jacob l'interrogea en disant : "Apprends-moi, je te prie,

ton nom." Il répondit : "Pourquoi t'enquérir de mon nom ?" Et il le bénit alors.

31 Jacob appela ce lieu Penïel "parce que j'ai vu un être divin face à face et que ma vie est restée sauve."

32 Le soleil commençait à l'éclairer lorsqu'il eut quitté Penïél ; il boitait alors à cause de sa cuisse.

33 C'est pourquoi les enfants d'Israël ne mangent point aujourd'hui encore le nerf sciatique, qui tient à la cavité de la cuisse ; parce que Jacob fut touché à la cavité de la cuisse, sur le nerf sciatique.

CHAPITRE TRENTE-TROIS

Jacob, levant les yeux, aperçut Ésaü qui venait, accompagné de quatre cents hommes. Il répartit les enfants entre Léa, Rachel et les deux servantes.

2 Il plaça les servantes avec leurs enfants au premier rang, Léa et ses enfants derrière, Rachel et Joseph les derniers.

3 Pour lui, il prit les devants et se prosterna contre terre, sept fois, avant d'aborder son frère.

4 Ésaü courut à sa rencontre, l'embrassa, se jeta à son cou et le baisa ; et ils pleurèrent.

5 En levant les yeux, il vit les femmes et les enfants et dit :"Que te sont ceux là ?" Il répondit : "Ce sont les enfants dont Dieu a gratifié ton serviteur."

6 Les servantes s'approchèrent ainsi que leurs enfants et se prosternèrent.

7 Léa aussi s'approcha avec ses enfants et ils se proster-

nèrent ; puis, Joseph s'approcha avec Rachel et ils seprosternèrent.

8 Il reprit : "Qu'est ce que toute cette troupe, venant de ta part, que j'ai rencontrée ?" Il répondit : "Pour obtenir la bienveillance de mon seigneur."

9 Ésaü dit : "J'en ai amplement ; mon frère, garde ce que tu as."

10 Jacob répondit : "Oh non ! Si toutefois j'ai trouvé grâce à tes yeux, tu accepteras cet hommage de ma main ; puisque aussi bien j'ai regardé ta face comme on regarde la face d'un puissant et que tu m'as agréé.

11 Reçois donc le présent que de ma part on t'a offert, puisque Dieu m'a favorisé et que je possède suffisamment." Sur ses instances Ésaü accepta.

12 Il dit : "Partons et marchons ensemble ; je me conformerai à ton pas."

13 Il lui répondit : "Mon seigneur sait que ces enfants sont délicats, que ce menu et ce gros bétail qui allaitent exigent mes soins ; si on les surmène un seul jour, tout le jeune bétail périra.

14 Que mon seigneur veuille passer devant son serviteur ; moi, je cheminerai à ma commodité, selon le pas de la suite qui m'accompagne et selon le pas des enfants, jusqu'à ce que je rejoigne mon seigneur à Séir."

15 Ésaü dit : "Je veux alors te faire escorter par une partie de mes hommes." Il répondit : "A quoi bon ? Je voudrais trouver grâce aux yeux de mon seigneur !"

16 Ce jour même, Ésaü reprit le chemin de Séir.

17 Quant à Jacob, il se dirigea vers Soukkoth ; il s'y bâtit une demeure et pour son bétail il fit des enclos : c'est pourquoi l'on appela cet endroit Soukkoth.

18 Jacob arriva ensuite à Salem, ville de Sichem, dans le pays de Canaan, à son retour du territoire d'Aram ; et il se fixa à l'entrée de cette ville.

19 Il acquit la portion de terrain ou il établit sa tente, de la main des enfants de Hamor, père de Sichem pour cent kesita.

20 Il y érigea un autel qu'il dénomma : "le Seigneur est le Dieu d'Israël."

CHAPITRE TRENTE-QUATRE

Or, Dina, la fille que Léa avait enfantée à Jacob, sortit pour faire connaissance avec les filles du pays.

2 Elle fut remarquée de Sichem, fils de Hamor le Hévéen, gouverneur du pays ; il l'enleva et s'approcha d'elle en lui faisant violence.

3 Puis son cœur s'attacha à Dina, fille de Jacob ; il aima la jeune fille et il parla à son cœur.

4 Sichem dit à Hamor, son père : "Obtiens moi cette jeune fille pour épouse."

5 Jacob apprit qu'on avait déshonoré Dina, sa fille. Ses fils étaient avec son bétail, dans les champs ; Jacob se tut jusqu'à leur retour.

6 Hamor, père de Sichem, se rendit auprès de Jacob pour lui parler.

7 Mais les enfants de Jacob étaient revenus des champs à cette nouvelle et ces hommes étaient consternés et leur indignation était grande ; car une flétrissure avait eu lieu en Israël par

le viol de la fille de Jacob et ce n'est pas ainsi qu'on devait agir.

8 Hamor leur parla en ces termes : "Sichem, mon fils, a le cœur épris de votre fille ; donnez-la lui, je vous prie, pour épouse.

9 Alliez-vous avec nous ; donnez-nous vos filles et épousez les nôtres.

10 Demeurez avec nous ; le pays vous est ouvert : restez y, exploitez le et formez y des établissements."

11 Sichem dit au père de la jeune fille et à ses frères :"Puisse-je trouver faveur auprès de vous ! Ce que vous me demanderez, je le donnerai.

12 Imposez-moi le douaire et les dons les plus considérables, je donnerai ce que vous me direz ; accordez-moi seulement la jeune fille pour épouse."

13 Les fils de Jacob usèrent de ruse en répondant à Sichem et à Hamor son père, parce qu'on avait souillé Dina, leur sœur.

14 Ils leur dirent : "Nous ne saurions agir ainsi, donner notre sœur à un homme incirconcis : ce serait un déshonneur pour nous.

15 Toutefois, à ce prix nous serons d'accord avec vous : si vous devenez comme nous, en circoncisant tout mâle d'entre vous.

16 Alors nous vous donnerons nos filles et nous accepterons les vôtres pour nous ; nous habiterons avec vous et nous formerons un seul peuple.

17 Que si vous ne nous écoutez pas pour la circoncision, nous prenons notre fille et nous nous retirons."

18 Leurs paroles plurent à Hamor et à Sichem son fils.

19 Et le jeune homme n'hésita point à effectuer la chose,

épris qu'il était de la fille de Jacob ; d'ailleurs, il était considéré entre tous dans la maison de son père.

20 Hamor alla, avec Sichem son fils, vers la porte de leur ville et ils parlèrent aux habitants de leur ville en ces termes :

21 "Ces hommes sont de bonne foi avec nous ; qu'ils résident dans le pays et qu'ils l'exploitent, le pays est assez vaste pour les admettre ; nous prendrons leurs filles pour épouses et nous leur accorderons les nôtres.

22 Pourtant, à une condition, ces hommes consentent à demeurer avec nous pour former un même peuple : c'est que tout mâle parmi nous soit circoncis comme ils le sont eux mêmes.

23 Leurs troupeaux, leurs possessions, tout leur bétail, n'est il pas vrai, seront à nous. Accédons seulement à leur désir et ils demeureront avec nous."

24 Tous ceux qui habitaient l'enceinte de la ville écoutèrent Hamor et Sichem son fils ; et tout mâle fut circoncis, parmi les citoyens de la ville.

25 Or, le troisième jour, comme ils étaient souffrants, deux des fils de Jacob, Siméon et Lévi, frères de Dina, prirent chacun leur épée, marchèrent sur la ville avec assurance et tuèrent tous les mâles ;

26 et Hamor et Sichem son fils, ils les passèrent au fil de l'épée ; ils emmenèrent Dina hors de la maison de Sichem et ils ressortirent.

27 Les fils de Jacob vinrent dépouiller les cadavres et pillèrent la ville qui avait déshonoré leur sœur :

28 leur menu bétail, leur gros bétail, leurs ânes, ce qu'ils avaient à la ville, ce qu'ils avaient aux champs, ils le ravirent.

29 Tous leurs biens, tous leurs enfants et leurs femmes, ils les

emmenèrent et les dépouillèrent, avec tout ce qui était dans les maisons.

30 Jacob dit à Siméon et à Lévi : "Vous m'avez rendu malheureux en me mettant en mauvaise odeur chez les habitants du pays, le Cananéen et le Phérézéen ; moi, je suis une poignée d'hommes, ils se réuniront contre moi et me frapperont et je serai exterminé avec ma famille."

31 Ils répondirent : "Devait-on traiter notre sœur comme une prostituée ?"

CHAPITRE TRENTE-CINQ

Le Seigneur dit à Jacob : "Va, monte à Béthel et y séjourne ; et élèves-y un autel au Dieu qui t'apparut, lorsque tu fuyais devant Ésaü ton frère."

2 Jacob dit à sa famille et à tous ses gens : "Faites disparaître les dieux étrangers qui sont au milieu de vous ; purifiez vous et changez de vêtements.

3 Disposons-nous à monter à Béthel ; j'y érigerai un autel au Dieu qui m'exauça à l'époque de ma détresse et qui fut avec moi sur la route où je marchais."

4 Ils remirent à Jacob tous les dieux étrangers qui étaient en leur possession et les joyaux qui étaient à leurs oreilles et Jacob les enfouit sous le tilleul qui était près de Sichem.

5 Ils partirent ; dominées par une terreur divine, les villes d'alentour ne poursuivirent pas les fils de Jacob.

6 Jacob arriva à Louz, qui est dans le pays de Canaan, la même que Béthel, lui et tous ceux qui l'accompagnaient.

7 Là il dressa un autel et il appela l'endroit Él béth Él ; car là

les puissances célestes lui étaient apparues, comme il fuyait à cause de son frère.

8 Débora, nourrice de Rébecca, étant morte alors, fut enterrée au dessous de Béthel, au pied d'un chêne qui fut appelé le Chêne des Pleurs.

9 Dieu apparut de nouveau à Jacob, à son retour du territoire d'Aram et il le bénit.

10 Dieu lui dit : "Tu te nommes Jacob ; mais ton nom, désormais, ne sera plus Jacob, ton nom sera Israël" ; il lui donna ainsi le nom d'Israël"

11 Et Dieu lui dit : "Je suis le Dieu tout puissant : tu vas croître et multiplier ! Un peuple, un essaim de peuples naîtra de toi et des rois sortiront de tes entrailles.

12 Et le pays que j'ai accordé à Abraham et à Isaac, je te l'accorde et à ta postérité après toi je donnerai ce pays."

13 Le Seigneur disparut d'auprès de lui, dans le lieu où il lui avait parlé.

14 Jacob érigea un monument dans l'endroit où il lui avait parlé, un monument de pierre ; il fit couler dessus une libation et y répandit de l'huile.

15 Et Jacob nomma cet endroit, où le Seigneur s'était entretenu avec lui, Béthel.

16 Ils partirent de Béthel ; il y avait encore une kibra de pays pour arriver à Éfrath lorsque Rachel enfata et son enfantement fut pénible.

17 Comme elle était en proie aux douleurs de cet enfantement, la sage femme lui dit : "Ne sois pas inquiète, car c'est encore un fils qui t'arrive."

18 Or, au moment de rendre l'âme, car elle mourut, elle le nomma Ben-Oni ; mais son père l'appela Benjamin.

19 Rachel mourut donc et fut ensevelie sur le chemin d'Éfrath, qui est Bethléem.

20 Jacob éleva un monument sur sa tombe : c'est le monument du Tombeau de Rachel, qui subsiste encore aujourd'hui.

21 Israël partit et dressa sa tente au delà de Migdal Éder.

22 Il arriva, tandis qu'Israël résidait dans cette contrée que Ruben alla cohabiter avec Bilha, concubine de son père, Israël en fut instruit. Or, les fils de Jacob furent douze.

23 Fils de Léa : le premier né de Jacob, Ruben ; puis Siméon, Lévi, Juda, Issachar et Zabulon.

24 Fils de Rachel : Joseph et Benjamin.

25 Fils de Bilha, l'esclave de Rachel : Dan et Nephtali ;

26 et fils de Zilpa, l'esclave de Léa : Gad et Aser. Tels sont les fils de Jacob, qui lui naquirent dans le territoire d'Aram.

27 Jacob arriva chez Isaac son père, à Mamré, la cité d'Arba, autrement Hébron, où demeurèrent Abraham et Isaac.

28 Les jours d'Isaac ayant été de cent quatre vingts ans,

29 il défaillit et mourut et rejoignit ses pères, âgé et rassasié de jours. Ésaü et Jacob, ses fils, l'ensevelirent.

CHAPITRE TRENTE-SIX

Ceci est la lignée d'Ésaü, le même qu'Édom.

2 Ésaü choisit ses femmes parmi les filles de Canaan : Ada, fille d'Élôn le Héthéen et Oholibama, fille de Ana, fille de Cibôn le Hévéen ;

3 puis Basemath, fille d'Ismaël, sœur de Nebaïoth.

4 Ada enfanta à Ésaü Élifaz ; Basemath enfanta Reouel ;

5 et Oholibama enfanta Yeouch, Yâlam et Korah. Tels sont les fils d'Ésaü, qui lui naquirent au pays de Canaan.

6 Ésaü prit ses femmes, ses fils, ses filles et tous les gens de sa maison ; ses troupeaux, toutes ses bêtes et tout le bien qu'il avait acquis au pays de Canaan et il émigra vers une autre terre, à cause de son frère Jacob.

7 Car leurs possessions étaient trop nombreuses pour qu'ils pussent habiter en commun ; et le lieu de leur séjour ne pouvait les contenir, à cause de leurs troupeaux.

8 Ésaü se fixa donc sur la montagne de Séir. Ésaü, c'est Édom.

9 Or, voici les générations d'Ésaü, père des Édomites, sur la montagne de Séir.

10 Voici les noms des fils d'Ésaü : Élifaz, fils de Ada, épouse d'Ésaü ; Reouél, fils de Basemath, épouse d'Ésaü.

11 Les fils d'Élifaz furent :

12 Têman, Omar, Cefo, Gàtam et Kenaz. Timna devint concubine d'Élifaz, fils d'Ésaü ; elle lui enfanta Amalec. Tels sont les enfants de Ada, épouse d'Ésaü.

13 Et ceux ci furent les fils de Reouél : Nahath, Zérah, Chamma et Mizza. Tels furent les enfants de Basemath, épouse d'Ésaü.

14 Et ceux-ci furent les fils d'Oholibama, fille de Ana, fille de Cibôn, épouse d'Ésaü : elle enfanta à Ésaü Yeouch, Yâlam et Korah.

15 Suivent les chefs de famille des enfants d'Ésaü. Fils d'Élifaz, premier né d'Ésaü : le chef Témàn, le chef Omar, le chef Cefo, le chef Kenaz ;

16 le chef Korah, le chef Gatam, le chef Amalec. Tels sont les chefs issus d'Élifaz, dans le pays d'Édom ; ceux là sont les fils de Ada.

17 Et ceux-ci sont les fils de Reouél, fils d'Ésaü : le chef Nahath, le chef Zérah, le chef Chamma, le chef Mizza. Tels sont les chefs issus de Reouél, dans le pays d'Édom : ceux là sont les descendants de Basemath épouse d'Ésaü.

18 Et ceux-ci sont les fils d'Oholibama, épouse d'Ésaü : le chef Yeouch, le chef Yâlam, le chef Korah. Tels sont les chefs d'Oholibama, fille de Ana, épouse d'Ésaü.

19 Ce sont là les enfants d Ésaü, ce sont là leurs chefs de famille c'est là Édom.

20 Ceux-ci sont les enfants de Séir, les Horéens, premiers habitants du pays : Lotân, Chobal, Cibôn, Ana ;

21 Dichôn, Écer et Dichân. Tels sont les chefs des Horéens, fils de Séir, dans le pays d'Édom.

22 Les fils de Lotân furent Hori et Hémam ; et la sœur de Lotân, Timna.

23 Voici les enfants de Chobal : Alevân, Manahath, Ébal, Chefo et Onam.

24 Voici les enfants de Cibôn : Veayya et Ana, le même Ana qui trouva les yémîm dans le désert, lorsqu'il menait paître les ânes de Cibôn son père.

25 Voici les enfants de Ana : Dichôn et Oholibama, fille de Ana.

26 Voici les fils de Dichôn : Hemdân, Échbân, Yithrân et Kerân.

27 Voici les fils d'Écre : Bilhân, Zaavân et Akân.

28 Fils de Dichân : Ouç et Arân.

29 Suivent les chefs de famille des Hôréens : le chef Lotân, le chef Chobal, le chef Cibôn, le chef Ana ;

30 le chef Dichôn, le chef Écer, le chef Dichân. Tels étaient les chefs des Horéens, selon leurs familles, dans le pays de Séir.

31 Ce sont ici les rois qui régnèrent dans le pays d'Édom, avant qu'un roi régnât sur les enfants d'Israël.

32 En Édom régna d'abord Béla, fils de Beor ; le nom de sa ville natale : Dinhaba.

33 Béla étant mort, à sa place régna Yobab, fils de Zérah, de Boçra.

34 Yobab étant mort, à sa place régna Houcham, du pays des Témanites.

35 Houcham mort, à sa place régna Hadad, fils de Bedad, qui

défit Madian dans la campagne de Moab. Le nom de sa ville : Avith.

36 Hadad mort, à sa place régna Samla, de Masréka.

37 Samla mort, à sa place régna Chaoul, de Rehoboth sur le Fleuve.

38 Chaoul mort, à sa place régna Baal Hanân, fils d'Akbor.

39 Baal Hanân, fils d'Akbor, étant mort, à sa place régna Hadar, dont la ville avait nom Pâou et dont la femme était Mehétabel, fille de Matred, fille de Mé Zahab.

40 Voici maintenant les noms des chefs d'Ésaü, selon leurs familles, leurs résidences, leur titre : le chef Timna, le chef Aleva, le chef Yethéth ;

41 le chef Oholibama, le chef Éla, le chef Pinôn ;

42 le chef Kenaz, le chef Témân, le chef Mibçar ;

43 le chef Magdiel, le chef Iram. Tels sont les chefs d'Édom, selon leurs résidences dans le pays qu'ils occupaient ; tel fut Ésaü, le père d'Édom.

CHAPITRE TRENTE-SEPT

Jacob demeura dans le pays des pérégrinations de son père, dans le pays de Canaan.

2 Voici l'histoire de la descendance de Jacob. Joseph, âgé de dix sept ans, menait paître les brebis avec ses frères. Passant son enfance avec les fils de Bilha et ceux de Zilpa, épouses de son père, Joseph débitait sur leur compte des médisances à leur père.

3 Or Israël préférait Joseph à ses autres enfants parce qu'il était le fils de sa vieillesse ; et il lui avait fait une tunique à rayures.

4 Ses frères, voyant que leur père l'aimait de préférence à eux tous, le prirent en haine et ne purent se résoudre à lui parler amicalement.

5 Joseph, ayant eu un songe, le conta à ses frères et leur haine pour lui s'en accrut encore.

6 Il leur dit : "Écoutez, je vous prie, ce songe que j'ai eu.

7 Nous composions des gerbes dans le champ, soudain ma

gerbe se dressa ; elle resta debout et les vôtres se rangèrent à l'entour et s'inclinèrent devant la mienne."

8 Ses frères lui dirent : "Quoi ! Régnerais-tu sur nous ? Deviendrais-tu notre maître ?" Et ils le haïrent plus encore, pour ses songes et pour ses propos.

9 Il eut encore un autre songe et le raconta à ses frères en disant : "J'ai fait encore un songe où j'ai vu le soleil, la lune et onze étoiles se prosterner devant moi."

10 Il le répéta à son père et à ses frères. Son père le blâma et lui dit : "Qu'est ce qu'un pareil songe ? Eh quoi ! Nous viendrions, moi et ta mère et tes frères, nous prosterner à terre à tes pieds !"

11 Les frères de Joseph le jalousèrent ; mais son père retint l'affaire.

12 Un jour ses frères étaient allés conduire les troupeaux de leur père à Sichem.

13 Israël dit à Joseph : "Tes frères font paître les troupeaux à Sichem. Viens donc, je veux t'envoyer auprès d'eux." Il lui répondit :"Je suis prêt."

14 Il reprit : "Va voir, je te prie, comment se portent tes frères, comment se porte le bétail et rapporte m'en des nouvelles." Il l'envoya ainsi de la vallée d'Hébron et Joseph se rendit à Sichem.

15 Un homme le rencontra errant dans la campagne ; cet homme lui demanda : "Que cherches-tu ?"

16 Il répondit : "Ce sont mes frères que je cherche. Veuille me dire où ils font paître leur bétail."

17 L'homme dit : "Ils sont partis d'ici, car je les ai entendus dire : 'Allons à Dothan'." Joseph s'en alla sur les pas de ses frères et il les trouva à Dothan.

18 Ils l'aperçurent de loin ; et, avant qu'il fût près d'eux, ils complotèrent de le faire mourir.

19 Ils se dirent l'un à l'autre : "Voici venir l'homme aux songes.

20 Or çà, venez, tuons le, jetons le dans quelque citerne, puis nous dirons qu'une bête féroce l'a dévoré. Nous verrons alors ce qui adviendra de ses rêves !"

21 Ruben l'entendit et voulut le sauver de leurs mains ; il se dit : "N'attentons point à sa vie."

22 Ruben leur dit donc : "Ne versez point le sang ! Jetez le dans cette citerne qui est dans le désert, mais ne portez point la main sur lui." C'était pour le sauver de leurs mains et le ramener à son père.

23 En effet, lorsque Joseph fut arrivé près de ses frères ils le dépouillèrent de sa robe, de la tunique à rayures dont il était vêtu ;

24 et ils le saisirent et ils le jetèrent dans la citerne. Cette citerne était vide et sans eau.

25 Comme ils étaient assis pour prendre leur repas, ils levèrent les yeux et virent une caravane d'Ismaélites, laquelle venait de Galaad ; leurs chameaux étaient chargés d'aromates, de baume et de lotus qu'ils allaient transporter en Égypte.

26 Juda dit à ses frères : "Quel avantage, si nous tuons notre frère et si nous scellons sa mort ?

27 Venez, vendons le aux Ismaélites et que notre main ne soit pas sur lui, car il est notre frère, notre chair !" Et ses frères consentirent.

28 Or, plusieurs marchands madianites vinrent à passer, qui tirèrent et firent remonter Joseph de la citerne, puis le vendirent

aux Ismaélites pour vingt pièces d'argent. Ceux ci emmenèrent Joseph en Égypte.

29 Ruben revint à la citerne et voyant que Joseph n'y était plus, il déchira ses vêtements,

30 retourna vers ses frères et dit : "L'enfant n'y est plus et moi, où irai je ?"

31 Ils prirent la robe de Joseph, égorgèrent un chevreau et trempèrent la robe dans son sang ;

32 puis ils envoyèrent cette tunique à rayures, qu'on apporta à leur père en disant : "Voici ce que nous avons trouvé ; examine si c'est la tunique de ton fils ou non."

33 Il la reconnut et s'écria : "La tunique de mon fils ! Une bête féroce l'a dévoré ! Joseph, Joseph a été mis en pièces !"

34 Et Jacob déchira ses vêtements et il mit un cilice sur ses reins et il porta longtemps le deuil de son fils.

35 Tous ses fils et toutes ses filles se mirent en devoir de le consoler ; mais il refusa toute consolation et dit : "Non ! Je rejoindrai, en pleurant, mon fils dans la tombe !" Et son père continua de le pleurer.

36 Quant aux Madianites, ils le vendirent en Égypte à Putiphar, officier de Pharaon, chef des gardes.

CHAPITRE TRENTE-HUIT

Il arriva, en ce temps là, que Juda s'éloigna de ses frères et s'achemina vers un habitant d'Adoullam, nommé Hira.

2 Là, Juda vit la fille d'un Cananéen, appelé Choua ; il l'épousa et s'approcha d'elle.

3 Elle conçut et enfanta un fils, à qui il donna le nom d'Ér.

4 Elle conçut encore et eut un fils et elle lui donna le nom d'Onàn.

5 De nouveau elle enfanta un fils et elle le nomma Chéla. Il était à Kezib lorsqu'elle l'enfanta.

6 Juda choisit une épouse à Ér, son premier né ; elle se nommait Thamar.

7 Ér, le premier né de Juda, ayant déplu au Seigneur, le Seigneur le fit mourir.

8 Alors Juda dit à Onàn : "Épouse la femme de ton frère en vertu du lévirat, afin de constituer une postérité à ton frère."

9 Onân comprit que cette postérité ne serait pas la sienne ; et

alors, chaque fois qu'il approchait de la femme de son frère, il corrompait sa voie, afin de ne pas donner de postérité à son frère.

10 Sa conduite déplut au Seigneur, qui le fit mourir de même.

11 Et Juda dit à Thamar, sa belle fille : "Demeure veuve dans la maison de ton père, jusqu'à ce que mon fils Chéla soit plus grand," car il craignait qu'il ne meure, lui aussi, comme ses frères. Et Thamar s'en alla demeurer dans la maison de son père.

12 Longtemps après mourut la fille de Choua, femme de Juda. Quand Juda se fut consolé, il alla surveiller la tonte de ses brebis, avec Hira son ami l'Adoullamite, à Timna.

13 On informa Thamar en ces termes : "Ton beau père monte en ce moment à Timna pour tondre ses brebis."

14 Elle quitta ses vêtements de veuve, prit un voile et s'en couvrit ; et elle s'assit au carrefour des Deux Sources, qui est sur le chemin de Timna. Car elle voyait que Chéla avait grandi et qu'elle ne lui avait pas été donnée pour épouse.

15 Juda, l'ayant aperçue, la prit pour une prostituée ; car elle avait voilé son visage.

16 Il se dirigea de son côté et lui dit : "Laisse moi te posséder." Car il ignorait que ce fût sa belle fille. Elle répondit : "Que me donneras-tu pour me posséder ?"

17 Il répliqua : "Je t'enverrai un chevreau de mon troupeau." Et elle dit : "Bien, si tu me donnes un gage en attendant cet envoi."

18 Il reprit : "Quel gage te donnerai-je ?" Elle répondit : "Ton sceau, ton cordon et le bâton que tu as à la main." Il les lui donna, il approcha d'elle et elle conçut de son fait.

19 Elle se leva et partit ; elle quitta son voile et reprit les vêtements de son veuvage.

20 Juda envoya le chevreau par l'entremise de son ami l'Adoullamite, pour retirer le gage des mains de cette femme ; il ne la trouva point.

21 Il questionna les gens de l'endroit, disant : "Où est la prostituée qui se tient aux Deux Sources, sur le chemin ?" Ils répondirent :"Il n'y a point de prostituée ici."

22 Il retourna auprès de Juda et dit : "Je ne l'ai pas trouvée ; et même les habitants de l'endroit ont dit qu'il n'y avait point là de prostituée."

23 Et Juda dit : "Qu'elle garde ce qu'elle a et que nous n'ayons pas à rougir ; car enfin, j'ai envoyé ce chevreau et tu n'as pu la trouver."

24 Or, environ trois mois après, on informa Juda, en disant :"Thamar, ta bru, s'est prostituée et elle porte dans son sein le fruit de la débauche." Juda répondit : "Emmenez la et qu'elle soit brûlée !"

25 Comme on l'emmenait, elle envoya dire à son beau père : "Je suis enceinte du fait de l'homme à qui ces choses appartiennent." Et elle dit : "Examine, je te prie, à qui appartiennent ce sceau, ces cordons et ce bâton."

26 Juda les reconnut et dit : "Elle est plus juste que moi, car il est vrai que je ne l'ai point donnée à Chéla mon fils." Cependant il cessa, dès lors, de la connaître.

27 Or il se trouva, lors de son enfantement, qu'elle portait des jumeaux dans son sein.

28 Au moment de sa délivrance, l'un d'eux avança la main ; la sage femme la saisit et y attacha un fil d'écarlate, pour indiquer que celui ci était né le premier.

29 Comme il retirait sa main, voici que son frère vint au

monde. Elle dit : "Avec quelle violence tu te fais jour !" Et on lui donna le nom de Péreç.

30 Ensuite naquit son frère, dont la main portait le fil d'écarlate. On lui donna le nom de Zérah.

CHAPITRE TRENTE-NEUF

Joseph fut donc emmené en Égypte. Putiphar, officier de Pharaon, chef des gardes, égyptien, l'acheta aux ismaélites qui l'avaient conduit dans ce pays.

2 Le Seigneur fut avec Joseph, qui devint un homme heureux et fut admis dans la maison de son maître l'égyptien.

3 Son maître vit que Dieu était avec lui ; qu'il faisait prospérer toutes les oeuvres de ses mains,

4 et Joseph trouva faveur à ses yeux et il devint son serviteur ; Putiphar le mit à la tête de sa maison et lui confia tout son avoir.

5 Du moment où il l'eut mis à la tête de sa maison et de toutes ses affaires, le Seigneur bénit la maison de l'Égyptien à cause de Joseph ; et la bénédiction divine s'étendit sur tous ses biens, à la ville et aux champs.

6 Alors il abandonna tous ses intérêts aux mains de Joseph et

il ne s'occupa plus avec lui de rien, sinon du pain qu'il mangeait. Or, Joseph était beau de taille et beau de visage.

7 Il arriva, après ces faits, que la femme de son maître jeta les yeux sur Joseph. Elle lui dit : "Viens reposer près de moi."

8 Il s'y refusa, en disant à la femme de son maître : "Vois, mon maître ne me demande compte de rien dans sa maison et toutes ses affaires il les a remises en mes mains ;

9 il n'est pas plus grand que moi dans cette maison et il ne m'a rien défendu, sinon toi, parce que tu es son épouse ; et comment puis je commettre un si grand méfait et offenser le Seigneur ?"

10 Quoiqu'elle en parlât chaque jour à Joseph, il ne cédait point à ses vœux en venant à ses côtés pour avoir commerce avec elle.

11 Mais il arriva, à une de ces occasions, comme il était venu dans la maison pour faire sa besogne et qu'aucun des gens de la maison ne s'y trouvait,

12 qu'elle le saisit par son vêtement, en disant : "Viens dans mes bras !" Il abandonna son vêtement dans sa main, s'enfuit et s'élança dehors.

13 Lorsqu'elle vit qu'il avait laissé son vêtement dans sa main et qu'il s'était échappé,

14 elle appela les gens de sa maison et leur dit : "Voyez ! On nous a amené un Hébreu pour nous insulter ! Il m'a abordée pour coucher avec moi et j'ai appelé à grands cris.

15 Lui, entendant que j'élevais la voix pour appeler à mon aide, a laissé son habit près de moi et il s'est échappé et il est sorti."

16 Elle garda le vêtement de Joseph par devers elle, jusqu'à ce que son maître fût rentré à la maison.

17 Elle lui fit le même récit, disant : "L'esclave hébreu que tu nous a amené est venu près de moi pour m'insulter ;

18 puis, comme j'ai élevé la voix et que j'ai appelé, il a laissé son vêtement près de moi et a pris la fuite."

19 Lorsque le maître entendit le récit que lui faisait son épouse, disant : "Voilà ce que m'a fait ton esclave", sa colère s'enflamma.

20 Le maître de Joseph le fit saisir ; on l'enferma dans la Rotonde, endroit ou étaient détenus les prisonniers du roi ; et il resta là dans la Rotonde.

21 Le Seigneur fut avec Joseph, lui attira de la bienveillance et le rendit agréable aux yeux du gouverneur de la Rotonde.

22 Ce gouverneur mit sous la main de Joseph tous les prisonniers de la Rotonde ; et tout ce qu'on y faisait, c'était lui qui le dirigeait.

23 Le gouverneur de la Rotonde ne vérifiait rien de ce qui passait par sa main, parce que le Seigneur était avec lui ; et ce qu'il entreprenait, le Seigneur le faisait réussir.

CHAPITRE QUARANTE

Il advint, après ces événements que l'échanson du roi d'Égypte et le panetier offensèrent leur maître, le roi d'Égypte.

2 Pharaon, irrité contre ses deux officiers, le maître échanson et le maître panetier,

3 les fit mettre aux arrêts dans la maison du chef des gardes, dans la Rotonde, le même lieu où Joseph était captif.

4 Le chef des gardes mit Joseph à leur disposition et celui ci les servit. Ils étaient depuis quelque temps aux arrêts,

5 lorsqu'ils eurent un rêve tous les deux, chacun le sien, la même nuit et chacun selon le sens de son rêve ; l'échanson et le panetier du roi d'Égypte, détenus dans la Rotonde.

6 Joseph, étant venu près d'eux le matin, remarqua qu'ils étaient soucieux.

7 Il demanda aux officiers de Pharaon, qui étaient avec lui en prison chez son maître : "Pourquoi votre visage est-il sombre aujourd'hui ?"

8 Ils lui répondirent : "Nous avons fait un songe et il n'y a personne pour l'interpréter." Joseph leur dit : "L'interprétation n'est elle pas à Dieu ? Dites les moi, je vous prie."

9 Le maître échanson raconta son rêve à Joseph, en disant :"Dans mon rêve, une vigne était devant moi.

10 A cette vigne étaient trois pampres. Or, elle semblait se couvrir de fleurs, ses bourgeons se développaient, ses grappes mûrissaient leurs raisins.

11 J'avais en main la coupe de Pharaon ; je cueillais les raisins, j'en exprimais le jus dans la coupe de Pharaon et je présentais la coupe à la main du roi."

12 Joseph lui répondit : "En voici l'explication. Les trois pampres, ce sont trois jours.

13 Trois jours encore et Pharaon te fera élargir et il te rétablira dans ton poste ; et tu mettras la coupe de Pharaon dans sa main, comme tu le faisais précédemment en qualité d'échanson.

14 Si tu te souviens de moi lorsque tu seras heureux, rends-moi, de grâce, un bon office : parle de moi à Pharaon et fais moi sortir de cette demeure.

15 Car j'ai été enlevé, oui, enlevé du pays des Hébreux ; et ici non plus je n'avais rien fait lorsqu'on m'a jeté dans ce cachot."

16 Le maître panetier, voyant qu'il avait interprété dans un sens favorable, dit à Joseph : "Pour moi, dans mon songe j'avais trois corbeilles à claire voie sur la tête.

17 La corbeille supérieure contenait tout ce que mange Pharaon en fait de boulangerie ; et les oiseaux le becquetaient dans la corbeille, au dessus de ma tête."

18 Joseph répondit en ces termes : "En voici l'explication. Les trois corbeilles, ce sont trois jours.

19 Trois jours encore et Pharaon te feratrancher la tête et attacher à un gibet ; et les oiseaux viendront becqueter ta chair."

20 Or, le troisième jour, anniversaire de la naissance de Pharaon, celui ci donna un banquet à tous ses serviteurs. Il porta le maître échanson et le maître panetier sur la liste de ses serviteurs.

21 Il préposa de nouveau le maître échanson à sa boisson et celui-ci présenta la coupe à la main de Pharaon ;

22 et le maître panetier, il le fit pendre, ainsi que l'avait présagé Joseph.

23 Mais le maître échanson ne se souvint plus de Joseph, il l'oublia.

CHAPITRE QUARANTE-ET-UN

Après un intervalle de deux années, Pharaon eut un songe, où il se voyait debout au bord du fleuve.

2 Et voici que du fleuve sortaient sept vaches belles et grasses, qui se mirent à paître dans l'herbage ;

3 puis sept autres vaches sortirent du fleuve après elles, celles là chétives et maigres et s'arrêtèrent près des premières au bord du fleuve ;

4 et les vaches chétives et maigres dévorèrent les sept vaches belles et grasses. Alors Pharaon s'éveilla.

5 Il se rendormit et eut un nouveau songe. Voici que sept épis, pleins et beaux, s'élevaient sur une seule tige ;

6 puis sept épis maigres et flétris par le vent d'est, s'élevèrent après eux,

7 et ces épis maigres engloutirent les sept épis grenus et pleins. Pharaon s'éveilla et c'était un songe.

8 Mais, le matin venu, son esprit en fut troublé et il manda

tous les magiciens de l'Égypte et tous ses savants. Pharaon leur exposa son rêve, mais nul ne put lui en expliquer le sens.

9 Alors le maître échanson parla devant Pharaon en ces termes : "Je rappelle, en cette occasion, mes fautes.

10 Un jour, Pharaon était irrité contre ses serviteurs ; et il nous fit enfermer dans la maison du chef des gardes, moi et le maître panetier.

11 Nous eûmes un rêve la même nuit, lui et moi, chacun selon le pronostic de son rêve.

12 Là était avec nous un jeune hébreu, esclave du chef des gardes. Nous lui racontâmes nos songes et il nous les interpréta, à chacun selon le sens du sien.

13 Or, comme il nous avait pronostiqué, ainsi fut-il : moi, je fus rétabli dans mon poste et lui on le pendit."

14 Pharaon envoya quérir Joseph, qu'on fit sur le champ sortir de la geôle ; il se rasa et changea de vêtements, puis il parut devant Pharaon.

15 Et Pharaon dit à Joseph : "J'ai eu un songe et nul ne l'explique ; mais j'ai ouï dire, quant à toi, que tu entends l'art d'interpréter un songe."

16 Joseph répondit à Pharaon en disant : "Ce n'est pas moi, c'est Dieu, qui saura tranquilliser Pharaon."

17 Alors Pharaon parla ainsi à Joseph : "Dans mon songe, je me tenais au bord du fleuve.

18 Et voici que du fleuve sortirent sept vaches grasses et de belle taille, qui vinrent paître dans l'herbage ;

19 puis sept autres vaches les suivirent, maigres, d'apparence fort chétive et toutes décharnées : je n'en ai point vu d'aussi misérables dans tout le pays d'Égypte.

20 Ces vaches maigres et chétives dévorèrent les sept premières vaches, les grasses.

21 Celles ci donc passèrent dans leur corps, mais on ne se serait pas douté qu'elles y eussent passé : elles étaient chétives comme auparavant. Je m'éveillai.

22 Puis je vis en songe sept épis, s'élevant sur une même tige, pleins et beaux ;

23 ensuite sept épis secs, maigres, brûlés par le vent d'est, s'élevèrent après eux,

24 et ces épis maigres absorbèrent les sept beaux épis. Je l'ai raconté aux magiciens et nul ne me l'a expliqué."

25 Joseph dit à Pharaon : "Le songe de Pharaon est un : ce que Dieu prépare, il l'a annoncé à Pharaon.

26 Les sept belles vaches, ce sont sept années ; les sept beaux épis, sept années : c'est un même songe.

27 Et les sept vaches maigres et laides qui sont sorties en second lieu, sept années, de même que les sept épis vides frappés par le vent d'est. Ce seront sept années de famine.

28 C'est bien ce que je disais à Pharaon ce que Dieu prépare, il l'a révélé à Pharaon.

29 Oui, sept années vont venir, abondance extraordinaire dans tout le territoire d'Égypte.

30 Mais sept années de disette surgiront après elles et toute abondance disparaîtra dans le pays d'Égypte et la famine épuisera le pays.

31 Le souvenir de l'abondance sera effacé dans le pays par cette famine qui surviendra, car elle sera excessive.

32 Et si le songe s'est reproduit à Pharaon par deux fois, c'est que la chose est arrêtée devant Dieu, c'est que Dieu est sur le point de l'accomplir.

33 Donc, que Pharaon choisisse un homme prudent et sage et qu'il le prépose au pays d'Égypte.

34 Que Pharaon avise à ce qu'on établisse des commissaires dans le pays et qu'on impose d'un cinquième le territoire d'Égypte durant les sept années d'abondance.

35 Qu'on amasse toute la nourriture de ces années fertiles qui approchent ; qu'on emmagasine du blé sous la main de Pharaon, pour l'approvisionnement des villes et qu'on le tienne en réserve.

36 Ces provisions seront une ressource pour le pays, lors des sept années de disette qui surviendront en Égypte, afin que ce pays ne périsse pas par la famine."

37 Ce discours plut à Pharaon et à tous ses serviteurs.

38 Et Pharaon dit à ses serviteurs : "Pourrions-nous trouver un homme tel que celui-ci, plein de l'esprit de Dieu ?"

39 Et Pharaon dit à Joseph : "Puisque Dieu t'a révélé tout cela, nul n'est sage et entendu comme toi.

40 C'est toi qui sera le chef de ma maison ; tout mon peuple sera gouverné par ta parole et je n'aurai sur toi que la prééminence du trône."

41 Pharaon dit à Joseph : "Vois ! je te mets à la tête de tout le pays d'Égypte."

42 Et Pharaon ôta son anneau de sa main et le passa à celle de Joseph ; il le fit habiller de byssus et suspendit le collier d'or de son cou.

43 Il le fit monter sur son second char ; on cria devant lui : Abrêk et il fut installé chef de tout le pays d'Égypte.

44 Pharaon dit à Joseph : "Je suis le Pharaon ; mais, sans ton ordre, nul ne remuera la main ni le pied dans tout le pays d'Égypte."

45 Pharaon surnomma Joseph Çâfenath Panéah et il lui donna

pour femme Asenath, fille de Pôti Féra, prêtre d'On. Joseph fit une excursion dans le pays d'Égypte.

46 Or, Joseph avait trente ans lorsqu'il parut devant Pharaon, roi d'Egypte. Joseph, étant sorti de devant Pharaon, parcourut tout le pays d'Egypte.

47 La terre, pendant les sept années de fertilité, produisit d'abondantes moissons.

48 On amassa toutes les denrées des sept années, qui se trouvèrent dans le pays d'Égypte et l'on approvisionna les villes : on mit dans chaque ville les denrées des campagnes d'alentour.

49 Et Joseph fit des amas de blé considérables comme le sable de la mer ; tellement qu'on cessa de le compter, car c'était incalculable.

50 Or, il naquit à Joseph, avant qu'arrivât la période de disette, deux fils, que lui donna Asenath, fille de Pôti Féra, prêtre d'On.

51 Joseph appela le premier né Manassé : "Car Dieu m'a fait oublier toutes mes tribulations et toute la maison de mon père."

52 Au second, il donna le nom d'Éphraïm : "Car Dieu m'a fait fructifier dans le pays de ma misère."

53 Quand furent écoulées les sept années de l'abondance qui régnait dans le pays d'Égypte,

54 survinrent les sept années dedisette, comme l'avait prédit Joseph. Il y eut famine dans tous les pays, mais dans tout le pays d'Égypte il y avait du pain.

55 Tout le territoire égyptien étant affligé par la disette, le peuple demanda à grands cris, à Pharaon, du pain. Mais Pharaon répondit à tous les Égyptiens : "Allez à Joseph ; ce qu'il vous dira, vous le ferez."

56 Comme la famine régnait sur toute la contrée, Joseph

ouvrit tous les greniers et vendit du blé aux Égyptiens. La famine persista dans le pays d'Égypte.

57 De tous les pays on venait en Égypte pour acheter à Joseph, car la famine était grande dans toute la contrée.

CHAPITRE QUARANTE-DEUX

Jacob, voyant qu'il y avait vente de blé en Égypte, dit à ses fils : "Pourquoi vous entre regarder ?"

2 Il ajouta "J'ai ouï dire qu'il y avait vente de blé en Égypte. Allez-y, achetez-y du blé pour nous et nous resterons en vie au lieu de mourir."

3 Les frères de Joseph partirent à dix, pour acheter du grain en Égypte.

4 Quant à Benjamin, frère de Joseph, Jacob ne le laissa pas aller avec ses frères, parce qu'il se disait : "Il pourrait lui arriver malheur."

5 Les fils d'Israël vinrent s'approvisionner avec ceux qui allaient en "gypte, la disette régnant dans le pays de Canaan.

6 Or, Joseph était le gouverneur de la contrée ; c'était lui qui faisait distribuer le blé à tout le peuple du pays. Les frères de Joseph à leur arrivée, se prosternèrent devant lui la face contre terre.

7 En voyant ses frères, Joseph les reconnut ; mais il dissimula

vis à vis d'eux, et, leur parlant rudement, leur dit : "D'où venez vous ?" Ils répondirent : "Du pays de Canaan, pour acheter des vivres.

8 Joseph reconnut bien ses frères, mais eux ne le reconnurent point.

9 Joseph se souvint alors des songes qu'il avait eus à leur sujet. Il leur dit : "Vous êtes des espions ! C'est pour découvrir le côté faible du pays que vous êtes venus !"

10 Ils lui répondirent : "Non, seigneur, mais tes serviteurs sont venus pour acheter des vivres.

11 Tous fils d'un même père, nous sommes d'honnêtes gens ; tes serviteurs ne furent jamais des espions."

12 Il leur dit : "Point du tout ! Vous êtes venus reconnaître les côtés faibles du territoire."

13 Ils répondirent : "Nous, tes serviteurs, sommes douze frères, nés d'un même père, habitants du pays de Canaan ; le plus jeune est auprès de notre père en ce moment et l'autre n'est plus."

14 Joseph leur dit : "Ce que je vous ai déclaré subsiste : vous êtes des espions.

15 C'est par là que vous serez jugés : sur la vie de Pharaon, vous ne sortirez pas d'ici que votre plus jeune frère n'y soit venu.

16 Dépêchez l'un de vous pour qu'il aille quérir votre frère et vous, restez prisonniers : on appréciera alors la sincérité de vos paroles. Autrement, par Pharaon ! vous êtes des espions."

17 Et il les garda en prison durant trois jours.

18 Le troisième jour, Joseph leur dit : "Faites ceci et vous vivrez ; je crains le Seigneur.

19 Si vous êtes de bonne foi, qu'un seul d'entre vous soit

détenu dans votre prison, tandis que vous irez apporter à vos familles de quoi calmer leur faim.

20 Puis amenez moi votre jeune frère et vos paroles seront justifiées et vous ne mourrez point." Ils acquiescèrent.

21 Et ils se dirent l'un à l'autre : "En vérité nous sommes punis à cause de notre frère ; nous avons vu son désespoir lorsqu'il nous criait de grâce et nous sommes demeurés sourds. Voilà pourquoi ce malheur nous est arrivé."

22 Ruben leur répondit en ces termes : "Est ce que je ne vous disais pas alors : Ne vous rendez point coupables envers cet enfant ! Et vous ne m'écoutâtes point. Eh bien ! Voilà que son sang nous est redemandé."

23 Or ils ne savaient pas que Joseph les comprenaient, car il s'était servi d'un interprète.

24 Il s'éloigna d'eux et pleura ; puis il revint à eux, leur parla et sépara d'eux Siméon, qu'il fit incarcérer en leur présence.

25 Joseph ordonna qu'on remplit leur bagages de blé ; puis qu'on remit l'argent de chacun dans son sac et qu'on leur laissa des provisions de voyage, ce qui fut exécuté.

26 Ils chargèrent leur blé sur leurs ânes et partirent.

27 L'un d'eux, ayant ouvert son sac pour donner du fourrage à son âne, dansune hôtellerie, trouva son argent qui était à l'entrée de son sac.

28 Et il dit à ses frères : "Mon argent a été remis ; et de fait, le voici dans mon sac." Le cœur leur manqua et ils s'entreregardèrent effrayés en disant : "Qu'est ce donc que le Seigneur nous prépare !"

29 Arrivés chez Jacob leur père, au pays de Canaan, ils lui contèrent toute leur aventure en ces termes :

30 "Ce personnage, le maître du pays, nous a parlé durement ; il nous a traités comme venant explorer le pays.

31 Nous lui avons dit : "Nous sommes des gens de bien, nous ne fûmes jamais des espions.

32 Nous sommes douze frères, fils du même père : l'un est perdu et le plus jeune est actuellement avec notre père au pays de Canaan.

33 Le personnage, maître du pays, nous a répondu : 'Voici à quoi je reconnaîtrai que vous êtes sincères : laissez l'un de vous auprès de moi, prenez ce que réclame le besoin de vos familles et partez ;

34 puis, amenez-moi votre jeune frère et je saurai que vous n'êtes pas des espions, que vous êtes d'honnêtes gens ; je vous rendrai votre frère et vous pourrez circuler dans le pays.'

35 Or, comme ils vidaient leurs sacs, voici que chacun retrouva son argent serré dans son sac ; à la vue de cet argent ainsi enveloppé, eux et leur père frémirent.

36 Jacob, leur père, leur dit : "Vous m'arrachez mes enfants ! Joseph a disparu, Siméon a disparu et vous voulez m'ôter Benjamin ! C'est sur moi que tout cela tombe."

37 Ruben dit à son père : "Fais mourir mes deux fils, si je ne te le ramène ! Confie le à mes mains et je le ramènerai près de toi."

38 Il répondit : "Mon fils n'ira point avec vous ; car son frère n'est plus et lui seul reste encore. Qu'un malheur lui arrive sur la route où vous irez et vous ferez descendre, sous le poids de la douleur, mes cheveux blancs dans la tombe."

CHAPITRE QUARANTE-TROIS

Cependant, la famine pesait sur le pays.

2 Lors donc qu'on eut consommé tout le blé qu'ils avaient apporté d'Égypte, leur père leur dit : "Allez de nouveau nous acheter un peu de nourriture."

3 Juda lui parla ainsi : "Cet homme nous a formellement avertis en disant : 'Vous ne paraîtrez point devant moi, si votre frère ne vous accompagne.'

4 Si tu consens à laisser partir notre frère avec nous, nous irons acheter pour toi des vivres.

5 Mais si tu n'en fais rien, nous ne saurions y aller, puisque cet homme nous a dit : 'Vous ne paraîtrez devant moi qu'accompagnés de votre frère.'

6 Israël reprit : "Pourquoi m'avez vous rendu ce mauvais office, d'apprendre à cet homme que vous avez encore un frère ?

7 Ils répondirent : "Cet homme nous a questionnés en détail sur nous et sur notre famille, disant : 'Votre père vit il encore ? Avez vous encore un frère ?' Et nous lui avons répondu selon ces

questions. Pouvions nous prévoir qu'il dirait : 'Faites venir votre frère ?' "

8 Juda dit à Israël, son père : "Laisse aller le jeune homme avec moi, que nous puissions nous disposer au départ ; et nous vivrons au lieu de mourir, nous et toi et nos familles.

9 C'est moi qui réponds de lui, c'est à moi que tu le redemanderas : si je ne te le ramène et ne le remets en ta présence, je me déclare coupable à jamais envers toi.

10 Certes, sans nos délais, nous serions, à présent, déjà revenus deux fois !"

11 Israël, leur père, leur dit : "Puisqu'il en est ainsi, eh bien ! Faites ceci : mettez dans vos bagages des meilleures productions du pays et apportez les en hommage à cet homme : un peu de baume, un peu de miel, des aromates et du lotus, des pistaches et des amandes.

12 Munissez vous d'une somme d'argent double : l'argent qui a été remis à l'entrée de vos sacs, restituez le de votre main, c'est peut être une méprise.

13 Et prenez votre frère et disposez-vous à retourner vers cet homme.

14 Que le Dieu tout puissant vous fasse trouver compassion auprès de cet homme, afin qu'il vous rende votre autre frère et Benjamin. Pour moi, j'ai pleuré mes fils, je vais les pleurer encore."

15 Ces hommes se chargèrent du présent, se munirent d'une somme double et emmenèrent Benjamin. Ils se mirent en route, arrivèrent en Égypte et parurent devant Joseph.

16 Joseph, apercevant parmi eux Benjamin, dit à l'intendant de sa maison : "Fais entrer ces hommes chez moi ; qu'on tue des

animaux et qu'on les accommode, car ces hommes dîneront avec moi."

17 L'homme exécuta l'ordre de Joseph et il introduisit les voyageurs dans la maison de Joseph.

18 Mais ces hommes s'alarmèrent en se voyant introduits dans la maison de Joseph et ils dirent : "C'est à cause de l'argent remis la première fois dans nos sacs, qu'on nous a conduits ici, pour nous accabler et se jeter sur nous, pour nous rendre esclaves, pour s'emparer de nos ânes."

19 Ils abordèrent l'homme qui gouvernait la maison de Joseph et lui parlèrent au seuil de la maison,

20 disant : "De grâce, seigneur ! Nous étions venus une première fois pour acheter des provisions ;

21 et il est advenu, quand nous sommes arrivés dans l'hôtellerie et que nous avons ouvert nos sacs, voici que l'argent de chacun était à l'entrée de son sac, notre même poids d'argent nous le rapportons dans nos mains.

22 Et nous avons apporté par de vers nous une autre somme pour acheter des vivres. Nous ne savons qui a replacé notre argent dans nos sacs."

23 Il répondit : "Soyez tranquilles, ne craignez rien. Votre Dieu, le Dieu de votre père, vous a fait trouver un trésor dans vos sacs ; votre argent m'était parvenu." Et il leur amena Siméon.

24 L'intendant fit entrer ces hommes dans la demeure de Joseph ; on apporta de l'eau et ils lavèrent leur pieds et l'on donna du fourrage à leurs ânes.

25 Ils apprêtèrent le présent, Joseph devant venir à midi ; car ils avaient appris que c'était là qu'on ferait le repas.

26 Joseph étant rentré à la maison, ils lui apportèrent, dans

l'intérieur, le présent dont ils s'étaient munis et s'inclinèrent devant lui jusqu'à terre.

27 Il s'informa de leur bien être, puis il dit : "Comment se porte votre père, ce vieillard dont vous avez parlé ? Vit-il encore ?"

28 Ilsrépondirent : "Ton serviteur, notre père, vit encore et se porte bien." Et ils s'inclinèrent et se prosternèrent.

29 En levant les yeux, Joseph aperçut Benjamin, son frère, le fils de sa mère et il dit : "Est ce là votre jeune frère, dont vous m'avez parlé ?" Et il ajouta : "Dieu te soit favorable, mon fils !"

30 Joseph se hâta de sortir, car sa tendresse pour son frère s'était émue et il avait besoin de pleurer ; il entra dans son cabinet et il y pleura.

31 Il se lava le visage et ressortit ; puis, se faisant violence, il dit : "Servez le repas."

32 Il fut servi à part et eux à part et à part aussi les égyptiens ses convives ; car les égyptiens ne peuvent manger en commun avec les hébreux, cela étant une abomination en Égypte.

33 Ils se mirent à table devant lui, le plus âgé selon son âge, le plus jeune selon le sien ; ces hommes se regardaient l'un l'autre avec étonnement.

34 Joseph leur fit porter des présents de sa table ; la part de Benjamin était cinq fois supérieure à celles des autres. Ils burent et s'enivrèrent ensemble.

CHAPITRE QUARANTE-QUATRE

Joseph donna cet ordre à l'intendant de sa maison "Remplis de vivres les sacs de ces hommes, autant qu'ils en peuvent contenir et dépose l'argent de chacun à l'entrée de son sac.

2 Et ma coupe, la coupe d'argent, tu la mettras à l'entrée du sac du plus jeune, avec le prix de son blé." Ce que Joseph avait dit fut exécuté.

3 Le matin venu, on laissa repartir ces hommes, eux et leurs ânes.

4 Or, ils venaient de quitter la ville, ils en étaient à peu de distance, lorsque Joseph dit à l'intendant de sa maison : "Va, cours après ces hommes et, aussitôt atteints, dis leur : "Pourquoi avez-vous rendu le mal pour le bien ?

5 N'est ce pas dans cette coupe que boit mon maître et ne lui sert elle pas pour la divination ? C'est une mauvaise action que la vôtre !"

6 Il les atteignit et leur adressa ces mêmes paroles.

7 Ils lui répondirent : "Pourquoi mon seigneur tient il de pareils discours ? Dieu préserve tes serviteurs d'avoir commis une telle action !

8 Quoi ! L'argent que nous avons trouvé à l'entrée de nos sacs, nous te l'avons rapporté du pays de Canaan ; et nous déroberions, dans la maison de ton maître, de l'argent ou de l'or !

9 Celui de tes serviteurs qui l'aura en sa possession, qu'il meure ; et nous-mêmes, nous serons les esclaves de mon seigneur."

10 Il répliqua : "Oui certes, ce que vous dites est juste. Seulement celui qui en sera trouvé possesseur sera mon esclave et vous serez quittes."

11 Ils se hâtèrent, chacun, de descendre leurs sacs à terre et chacun ouvrit le sien.

12 L'intendant fouilla, commençant par le plus âgé, finissant par le plus jeune. La coupe fut trouvée dans le sac de Benjamin.

13 Ils déchirèrent leurs vêtements ; chacun rechargea son âne et ils retournèrent à la ville.

14 Juda entra avec ses frères dans la demeure de Joseph, lequel s'y trouvait encore ; et ils se jetèrent à ses pieds contre terre.

15 Joseph leur dit "Quelle action venez vous de commettre ! Ne savez vous pas qu'un homme tel que moi devine les mystères ?"

16 Juda répondit : "Que dirons-nous à mon seigneur ? Comment parler et comment nous justifier ? Le Tout Puissant a su atteindre l'iniquité de tes serviteurs. Nous sommes maintenant les esclaves de mon seigneur et nous et celui aux mains duquel s'est trouvée la coupe."

17 Il répliqua : "Loin de moi d'agir ainsi ! L'homme aux

mains duquel la coupe s'est trouvée, sera mon esclave ; pour vous, retournez en paix auprès de votre père."

18 Alors Juda s'avança vers lui, en disant : "De grâce, seigneur ! que ton serviteur fasse entendre une parole aux oreilles de mon seigneur et que ta colère n'éclate pas contre ton serviteur ! Car tu es l'égal de Pharaon.

19 Mon seigneur avait interrogé ses serviteurs, disant : 'Vous reste-t-il un père, un frère ?'

20 Nous répondîmes à mon seigneur : 'Nous avons un père âgé et un jeune frère enfant de sa vieillesse : son frère est mort et lui, resté seul des enfants de sa mère, son père le chérit.'

21 Tu dis alors à tes serviteurs : 'Amenez-le moi, que je l'examine.'

22 Et nous répondîmes à mon seigneur : 'Le jeune homme ne saurait quitter son père ; s'il quittait son père, il en mourrait.'

23 Mais tu dis à tes serviteurs : 'Si votre jeune frère ne vous accompagne, ne reparaissez point devant moi.'

24 Or, de retour auprès de ton serviteur, notre père, nous lui rapportâmes les paroles de mon seigneur.

25 Notre père nous dit : 'Retournez acheter pour nous quelques provisions.'

26 Nous répondîmes : 'Nous ne saurions partir. Si notre jeune frère nous accompagne, nous irons ; car nous ne pouvons paraître devant ce personnage, notre jeune frère n'étant point avec nous.'

27 Ton serviteur, notre père, nous dit : 'Vous savez que ma femme m'a donné deux enfants.

28 L'un a disparu d'auprès de moi et j'ai dit : 'Assurément il a été dévoré !' et je ne l'ai point revu jusqu'ici.

29 Que vous m'arrachiez encore celui ci, qu'il lui arrive

malheur et vous aurez précipité cruellement ma vieillesse dans la tombe.'

30 Et maintenant, en retournant chez ton serviteur, mon père, nous ne serions point accompagnés du jeune homme et sa vie est attachée à la sienne !

31 Certes, ne voyant point paraître le jeune homme, il mourra ; et tes serviteurs auront fait descendre les cheveux blancs de ton serviteur, notre père, douloureusement dans la tombe.

32 Car ton serviteur a répondu de cet enfant à son père, en disant : 'Si je ne te le ramène, je serai coupable à jamais envers mon père.'

33 Donc, de grâce, que ton serviteur, à la place du jeune homme, reste esclave de mon seigneur et que le jeune homme reparte avec ses frères.

34 Car comment retournerais-je près de mon père sans ramener son enfant ? Pourrais-je voir la douleur qui accablerait mon père ?"

CHAPITRE QUARANTE-CINQ

Joseph ne put se contenir, malgré tous ceux qui l'entouraient. Il s'écria : "Faites sortir tout le monde d'ici !" Et nul homme ne fut présent lorsque Joseph se fit connaître à ses frères.

2 Il éleva la voix en pleurant. Les Égyptiens l'entendirent, la maison de Pharaon l'entendit,

3 et il dit à ses frères : "Je suis Joseph ; mon père vit-il encore ?" Mais ses frères ne purent lui répondre, car il les avait frappés de stupeur.

4 Joseph dit à ses frères : "Approchez-vous de moi, je vous prie." Et ils s'approchèrent. Il reprit : "Je suis Joseph, votre frère que vous avez vendu pour l'Égypte.

5 Et maintenant, ne vous affligez point, ne soyez pas irrités contre vous-mêmes de m'avoir vendu pour ce pays ; car c'est pour le salut que le Seigneur m'y a envoyé avant vous.

6 En effet, voici deux années que la famine règne au sein de

la contrée et durant cinq années encore, il n'y aura ni culture ni moisson.

7 Le Seigneur m'a envoyé avant vous pour vous préparer une ressource dans ce pays et pour vous sauver la vie par une conservation merveilleuse.

8 Non, ce n'est pas vous qui m'avez fait venir ici, c'est Dieu ; et il m'a fait devenir le père de Pharaon, le maître de toute sa maison et l'arbitre de tout le pays d'Égypte.

9 Hâtez-vous, retournez chez mon père et dites lui : 'Ainsi parle ton fils Joseph : Dieu m'a fait le maître de toute l'Égypte ; viens auprès de moi, ne tarde point !

10 Tu habiteras la terre de Gessen et tu seras rapproché de moi ; toi, tes enfants, tes petits-enfants, ton menu et ton gros bétail et tout ce qui t'appartient.

11 Là je te fournirai des vivres car cinq années encore il y aura famine afin que tu ne souffres point, toi, ta famille et tout ce qui est à toi.'

12 Or, vous voyez de vos yeux, comme aussi mon frère Benjamin, que c'est bien moi qui vous parle.

13 Faites part à mon père des honneurs qui m'entourent en Égypte et de tout ce que vous avez vu et hâtez vous d'amener ici mon père."

14 Il se jeta au cou de Benjamin son frère et pleura ; et Benjamin aussi pleura dans ses bras.

15 Il embrassa tous ses frères et les baigna de ses larmes ; alors seulement ses frères lui parlèrent.

16 Or, le bruit s'était répandu à la cour de Pharaon, savoir : les frères de Joseph sont venus ; ce qui avait plu à Pharaon et à ses serviteurs.

17 Et Pharaon dit à Joseph : "Dis à tes frères : faites ceci :

rechargez vos bêtes et mettez-vous en route pour le pays de Canaan.

18 Emmenez votre père et vos familles et venez près de moi ; je veux vous donner la meilleure province de l'Égypte, vous consommerez la moelle de ce pays.

19 Pour toi, tu es chargé de cet ordre : faites ceci : prenez, dans le pays d'Égypte, des voitures pour vos enfants et pour vos femmes ; faites-y monter votre père et revenez.

20 N'ayez point regret à vos possessions, car le meilleur du pays d'Égypte est à vous."

21 Ainsi firent les fils d'Israël : Joseph leur donna des voitures d'après l'ordre de Pharaon et les munit de provisions pour le voyage.

22 Il donna à tous, individuellement, des habillements de rechange ; pour Benjamin, il lui fit présent de trois cents pièces d'argent et de cinq habillements de rechange.

23 Pareillement, il envoya à son père dix ânes chargés des meilleurs produits de l'Égypte et dix ânesses portant du blé, du pain et des provisions de voyage pour son père.

24 Il reconduisit ses frères lorsqu'ils partirent et il leur dit : "Point de rixes durant le voyage !"

25 Ils sortirent de l'Égypte et arrivèrent dans le pays de Canaan, chez Jacob leur père.

26 Ils lui apprirent que Joseph vivait encore et qu'il commandait à tout le pays d'Égypte. Mais son cœur restait froid, parce qu'il ne les croyait pas.

27 Alors ils lui répétèrent toutes les paroles que Joseph leur avait adressées et il vit les voitures que Joseph avait envoyées pour l'emmener et la vie revint au cœur de Jacob leur père.

28 Et Israël s'écria : "Il suffit : mon fils Joseph vit encore ! Ah ! J'irai et je le verrai avant de mourir !"

CHAPITRE QUARANTE-SIX

Israël partit avec tout ce qui lui appartenait et arriva à Beer Shava, où il immola des victimes au Dieu de son père Isaac.

2 Le Seigneur parla à Israël dans les visions de la nuit, disant : "Jacob ! Jacob !" Il répondit : "Me voici."

3 Il poursuivit : "Je suis le Seigneur, Dieu de ton père : n'hésite point à descendre en Égypte car je t'y ferai devenir une grande nation.

4 Moi-même, je descendrai avec toi en Égypte ; moi-même aussi je t'en ferai remonter ; et c'est Joseph qui te fermera les yeux."

5 Jacob repartit de Beer Shava. Les fils d'Israël firent monter leur père, leurs enfants et leurs femmes dans les voitures envoyées par Pharaon pour l'amener.

6 Ils prirent leurs troupeaux et les biens qu'ils avaient acquis dans le pays de Canaan et vinrent en Égypte, Jacob et avec lui toute sa famille :

7 ses fils et ses petits-fils, ses filles et ses petites-filles et toute sa descendance l'accompagnèrent en Égypte.

8 Suivent les noms des enfants d'Israël venus en Égypte : Jacob et ses fils ; l'aîné de Jacob, Ruben

9 et les fils de Ruben : Hénoc, Pallou, Heçrèn, Karmi ;

10 et les fils de Siméon : Yemouël, Yamin, Ohad, Yakhin, Çohar ; puis Chaoul, fils de la Cananéenne.

11 Les fils de Lévi : Gerson, Kehàth, Merari.

12 Les fils de Juda : Ér, Onân, Chêla, Péreç et Zérah. Ér et Onân moururent dans le pays de Canaan. Les fils de Péreç furent Heçrôn et Hamoul.

13 Les fils d'Issachar : Tôlà, Pouvva, Yôb et Chimron.

14 Les fils de Zabulon : Séred, Élôn et Yahleêl.

15 Ceux-là sont les fils de Lia, qui les enfanta à Jacob sur le territoire araméen, puis Dina sa fille : total de ses fils et de ses filles, trente trois.

16 Les fils de Gad : Cifyôn, Hagghi, Chouni, Eçbôn, Éri, Arodi, Aréli.

17 Les enfants d'Aser : Yimna, Yichva, Yichvi, Berïa et Sérah leur sœur ; et les fils de Berïa : Héber et Malkïél.

18 Ceux-là sont les enfants de Zilpa, que Laban avait donnée à Léa sa fille ; c'est elle qui les enfanta à Jacob, seize personnes.

19 Les fils de Rachel, épouse de Jacob : Joseph et Benjamin.

20 Il naquit à Joseph, dans le pays d'Égypte ; Asenath, fille de Pôti-Féra, prêtre d'On, les lui enfanta : Manassé et Éphraïm.

21 Et les fils de Benjamin : Béla, Béker, Achbêl, Ghêra, Naamân, Éhi, Rôch, Mouppim, Houppim et Ard'.

22 Ceux-là sont les fils de Rachel, qui naquirent à Jacob ; en tout, quatorze.

23 Fils de Dan : Houchim.

24 Fils de Nephtali : Yahceél, Gouni, Yécer et Chillem.

25 Ceux-là sont les fils de Bilha, que Laban avait donnée à Rachel sa fille ; c'est elle qui les enfanta à Jacob, en tout, sept personnes.

26 Toutes les personnes de la famille de Jacob et issues de lui, qui vinrent en Égypte, outre les épouses des fils de Jacob, furent en tout soixante-six personnes.

27 Puis, les fils de Joseph, qui lui naquirent en Égypte, deux personnes : total des individus de la maison de Jacob qui se trouvèrent réunis en Égypte, soixante-dix.

28 Jacob avait envoyé Juda en avant, vers Joseph, pour qu'il lui préparât l'entrée de Gessen. Lorsqu'ils y furent arrivés,

29 Joseph fit atteler son char et alla au-devant d'Israël, son père, à Gessen. A sa vue, il se précipita à son cou et pleura longtemps dans ses bras.

30 Et Israël dit à Joseph : "Je puis mourir à présent, puisque j'ai vu ta face, puisque tu vis encore !"

31 Joseph dit à ses frères, à la famille de son père"Je vais remonter pour en faire part à Pharaon ; je lui dirai 'Mes frères et toute la famille de mon père, qui habitent le pays de Canaan, sont venus auprès de moi.

32 Ces hommes sont pasteurs de troupeaux, parce qu'ils possèdent du bétail ; or leur menu et leur gros bétail et tout ce qu'ils possèdent, ils l'ont amené.'

33 Maintenant, lorsque Pharaon vous mandera et dira : 'Quelles sont vos occupations ?'

34 vous répondrez : 'Tes serviteurs se sont adonnés au bétail depuis leur jeunesse jusqu'à présent et nous et nos pères.' C'est afin que vous demeuriez dans la province de Gessen, car les Égyptiens ont en horreur tout pasteur de menu bétail."

CHAPITRE QUARANTE-SEPT

Joseph vint annoncer la nouvelle à Pharaon, en disant "Mon père et mes frères, avec leur menu et leur gros bétail et tout ce qu'ils possèdent, sont venus du pays de Canaan ; et ils se trouvent dans la province de Gessen."

2 Puis il prit une partie de ses frères, cinq hommes et il les mit en présence de Pharaon.

3 Pharaon dit à ses frères : "Quelles sont vos occupations ?" Ils répondirent à Pharaon : "Tes serviteurs sont une famille de bergers, de père en fils."

4 Et ils dirent à Pharaon : "Nous sommes venus émigrer dans ce pays, parce que le pâturage manque aux troupeaux de tes serviteurs, la disette étant grande dans le pays de Canaan. Donc, permets à tes serviteurs d'habiter dans la province de Gessen."

5 Pharaon dit à Joseph : "Ton père et tes frères sont venus auprès de toi.

6 Le pays d'Égypte est mis à ta disposition ; établis, dans sa meilleure province, ton père et tes frères. Qu'ils habitent la terre

de Gessen et si tu reconnais qu'il y ait parmi eux des hommes de mérite, nomme-les inspecteurs des bestiaux de mon domaine."

7 Joseph introduisit Jacob son père et le présenta à Pharaon ; et Jacob rendit hommage à Pharaon.

8 Pharaon dit à Jacob : "Quel est le nombre des années de ta vie ?"

9 Et Jacob répondit à Pharaon : "Le nombre des années de mes pérégrinations, cent trente ans. Il a été court et malheureux, le temps des années de ma vie et il ne vaut pas les années de la vie de mes pères, les jours de leurs pérégrinations."

10 Jacob salua Pharaon et se retira de devant lui.

11 Joseph établit son père et ses frères et leur donna droit de propriété dans le pays d'Égypte, dans le meilleur territoire, celui de Ramsès, comme l'avait ordonné Pharaon.

12 Joseph nourrit son père, ses frères et toute la maison de son père, donnant des vivres selon les besoins de chaque famille.

13 Or, le pain manqua dans toute la contrée, tant la disette était grande ; et le pays d'Égypte et le pays de Canaan étaient accablés par la famine.

14 Joseph recueillit tout l'argent qui se trouvait dans le pays d'Égypte et dans celui de Canaan, en échange du blé qu'ils achetaient et il fit entrer cet argent dans la maison de Pharaon.

15 Quand l'argent fut épuisé dans le pays d'Égypte et dans celui de Canaan, tous les Égyptiens s'adressèrent à Joseph, disant : "Donne-nous du pain ; pourquoi péririons-nous sous tes yeux, faute d'argent ?"

16 Joseph répondit : "Livrez vos bestiaux, je veux vous en fournir contre vos bestiaux, si l'argent manque."

17 Ils amenèrent leur bétail à Joseph et Joseph leur donna du pain en échange des chevaux, du menu bétail, du gros bétail et

des ânes ; ils les sustenta de nourriture, pour tout leur bétail, cette année-là.

18 Cette année écoulée, ils vinrent à lui l'année suivante et lui dirent : "Nous ne pouvons dissimuler à mon seigneur que, l'argent et le bétail ayant entièrement passé à mon seigneur, il ne nous reste à lui offrir que nos corps et nos terres.

19 Pourquoi péririons-nous à ta vue, nous et nos terres ? Deviens notre possesseur et celui de nos terres, moyennant des vivres : nous et nos terres serons serfs de Pharaon ; tu nous donneras de la semence et nous vivrons au lieu de périr et la terre ne sera pas désolée."

20 Joseph acquit tout le sol de l'Égypte au profit de Pharaon, les Égyptiens ayant vendu chacun leurs champs, contraints qu'ils étaient par la famine : ainsi la contrée appartint à Pharaon.

21 A l'égard du peuple, il le transféra d'une ville dans l'autre, dans toute l'étendue du territoire égyptien.

22 Toutefois, le domaine des prêtres, il ne l'acquit point. Car les prêtres recevaient de Pharaon une portion fixe et ils consommaient la portion que leur allouait Pharaon, de sorte qu'ils ne vendirent pas leur domaine.

23 Et Joseph dit au peuple : "Donc, je vous ai acheté aujourd'hui vous et vos terres pour Pharaon. Voici pour vous des grains, ensemencez la terre ;

24 puis, à l'époque des produits, vous donnerez un cinquième à Pharaon ; les quatre autres parts vous serviront à ensemencer les champs et à vous nourrir ainsi que vos gens et vos familles."

25 Ils répondirent : "Tu nous rends la vie ! Puissions-nous trouver grâce aux yeux de mon seigneur et nous resterons serfs de Pharaon."

26 Joseph imposa au sol de l'Égypte cette contribution, qui

subsiste encore, d'un cinquième pour Pharaon. Le domaine des prêtres seuls était excepté, il ne relevait point de Pharaon.

27 Israël s'établit donc dans le pays d'Égypte, dans la province de Gessen ; ils en demeurèrent possesseurs, y crûrent et y multiplièrent prodigieusement.

28 Jacob vécut dans le pays d'Égypte dix sept ans ; la durée de la vie de Jacob fut donc de cent quarante-sept années.

29 Les jours d'Israël approchant de leur terme, il manda son fils Joseph et lui dit : "Si tu as quelque affection pour moi, mets, je te prie, ta main sous ma hanche pour attester que tu agiras envers moi avec bonté et fidélité, en ne m'ensevelissant point en Egypte.

30 Quand je dormirai avec mes pères, tu me transporteras hors de l'Égypte et tu m'enseveliras dans leur sépulcre." Il répondit : "Je ferai selon ta parole."

31 Il reprit : "Jure-le-moi" et il le lui jura ; et Israël s'inclina sur le chevet du lit.

CHAPITRE QUARANTE-HUIT

Il arriva, après ces faits, qu'on dit à Joseph : "Ton père est malade." Et il partit emmenant ses deux fils, Manassé et Éphraïm.

2 On l'annonça à Jacob, en disant : "Voici que ton fils Joseph vient te voir." Israël recueillit ses forces et s'assit sur le lit.

3 Et Jacob dit à Joseph : "Le Dieu tout-puissant m'est apparu à Louz, au pays de Canaan et m'a béni.

4 Il m'a dit : 'Je veux te faire croître et fructifier et je te ferai devenir une multitude de peuples ; et je donnerai ce pays à te postérité ultérieure, comme possession perpétuelle.'

5 Eh bien ! Tes deux fils, qui te sont nés au pays d'Égypte avant que je vinsse auprès de toi en Égypte, deviennent les miens ; non moins que Ruben et Siméon, Éphraïm et Manassé seront à moi.

6 Quant aux enfants que tu engendrerais après eux, ils te seront attribués : ils s'appelleront du nom de leurs frères, à l'égard de leur héritage.

7 Pour moi, quand je revins du territoire d'Aram, Rachel mourut dans mes bras au pays de Canaan pendant le voyage, lorsqu'une kibra de pays me séparait encore d'Éphrath ; je l'inhumai là, sur le chemin d'Éphrath, qui est Bethléem."

8 Israël remarqua les enfants de Joseph et il dit : "Qui sont ceux-là ?"

9 Joseph répondit à son père : "Ce sont mes fils, que Dieu m'a donnés dans ce pays." Jacob reprit : "Approche-les de moi, je te prie, que je les bénisse."

10 Or, les yeux d'Israël, appesantis par la vieillesse, ne pouvaient plus bien voir. Il fit approcher de lui ces jeunes gens, leur donna des baisers, les pressa dans ses bras ;

11 et Israël dit à Joseph : "Je ne comptais pas revoir ton visage et voici que Dieu m'a fait voir jusqu'à ta postérité".

12 Joseph les retira d'entre ses genoux et se prosterna devant lui jusqu'à terre.

13 Puis Joseph les prit tous deux, Éphraïm de la main droite, à gauche d'Israël et Manassé de la main gauche, à droite d'Israël ; et il les fit avancer vers lui.

14 Israël étendit la main droite, l'imposa sur la tête d'Éphraïm, qui était le plus jeune et mit sa main gauche sur la tête de Manassé ; il croisa ses mains, quoique Manassé fut l'aîné.

15 Il bénit Joseph, puis dit : "Que la Divinité dont mes pères, Abraham et Isaac, ont suivi les voies ; que la Divinité qui a veillé sur moi depuis ma naissance jusqu'à ce jour ;

16 que l'ange qui m'a délivré de tout mal, bénisse ces jeunes gens ! Puisse-t-il perpétuer mon nom et le nom de mes pères Abraham et Isaac ! Puisse-t-il multiplier à l'infini au milieu de la contrée."

17 Joseph remarqua que son père posait sa main droite sur la

tête d'Éphraïm et cela lui déplut ; il souleva la main de son père pour la faire passer de la tête d'Éphraïm sur la tête de Manassé

18 et il dit à son père : "Pas ainsi, mon père ! Puisque celui-ci est l'aîné, mets ta main droite sur sa tête."

19 Son père s'y refusa et dit : "Je le sais, mon fils, je le sais ; lui aussi deviendra un peuple et lui aussi sera grand : mais son jeune frère sera plus grand que lui et sa postérité formera plusieurs nations."

20 Il les bénit alors et il dit : "Israël te nommera dans ses bénédictions, en disant : Dieu te fasse devenir comme Éphraïm et Manassé !" Il plaça ainsi Éphraïm avant Manassé.

21 Israël dit à Joseph : "Voici, je vais mourir. Dieu sera avec vous et il vous ramènera au pays de vos aïeux.

22 Or, je te promets une portion supérieure à celle de tes frères, portion conquise sur l'Amorréen, à l'aide de mon épée et de mon arc."

CHAPITRE QUARANTE-NEUF

Jacob fit venir ses fils et il dit : "Rassemblez-vous, je veux vous révéler ce qui vous arrivera dans la suite des jours.

2 Pressez-vous pour écouter, enfants de Jacob, pour écouter Israël votre Père.

3 Ruben ! Tu fus mon premier-né, mon orgueil et les prémices de ma vigueur : le premier en dignité, le premier en puissance.

4 Impétueux comme l'onde, tu as perdu ta noblesse ! Car tu as attenté au lit paternel, tu as flétri l'honneur de ma couche.

5 Siméon et Lévi ! Digne couple de frères ; leurs armes sont des instruments de violence.

6 Ne t'associe point à leurs desseins, ô mon âme ! Mon honneur, ne sois pas complice de leur alliance ! Car, dans leur colère, ils ont immolé des hommes et pour leur passion ils ont frappé des taureaux.

7 Maudite soit leur colère, car elle fut malfaisante et leur

indignation, car elle a été funeste ! Je veux les séparer dans Jacob, les disperser en Israël.

8 Pour toi, Juda, tes frères te rendront hommage ; ta main fera ployer le cou de tes ennemis ; les enfants de ton père s'inclineront devant toi !

9 Tu es un jeune lion, Juda, quand tu reviens, ô mon fils, avec ta capture ! Il se couche ; c'est le repos du lion et du léopard ; qui oserait le réveiller ?

10 Le sceptre n'échappera point à Juda, ni l'autorité à sa descendance, jusqu'à l'avènement du Pacifique auquel obéiront les peuples.

11 Alors on attachera son ânon à la vigne, et à la treille le fils de son ânesse : on lavera son vêtement dans le vin, et dans le sang des raisins sa tunique ;

12 les yeux seront pétillants de vin et les dents toutes blanches de lait.

13 Zabulon occupera le littoral des mers ; il offrira des ports aux vaisseaux et sa plage atteindra Sidon.

14 Issachar est un âne musculeux qui se couche entre les collines.

15 Il a goûté le charme du repos et les délices du pâturage ; et Il a livré son épaule au joug et Il est devenu tributaire.

16 Dan sera l'arbitre de son peuple, sous lui se grouperont les tribus d'Israël.

17 Il sera, Dan, un serpent sur le chemin, un aspic dans le sentier : il pique le pied du cheval et le cavalier tombe renversé.

18 J'espère en ton assistance, Seigneur.

19 Gad sera assailli d'ennemis, mais il les assaillira à son tour.

20 Pour Asher, sa production sera abondante ; c'est lui qui pourvoira aux jouissances des rois.

21 Nephtali est une biche qui s'élance ; il apporte d'heureux messages.

22 C'est un rameau fertile que Joseph, un rameau fertile au bord d'une fontaine ; il dépasse les autres rameaux le long de la muraille.

23 Ils l'ont exaspéré et frappé de leurs flèches ; ils l'ont pris en haine, les fiers archers :

24 mais son arc est resté plein de vigueur et les muscles de ses bras sont demeurés fermes grâce au Protecteur de Jacob, qui par là préparait la vie au rocher d'Israël ;

25 grâce au Dieu de ton père, qui sera ton appui et au Tout-Puissant, qui te bénira des bénédictions supérieures du ciel, des bénédictions souterraines de l'abîme, des bénédictions des mamelles et des entrailles ! Les vœux de ton père,

26 surpassant ceux de mes ancêtres, atteignent la limite des montagnes éternelles ; ils s'accompliront sur la tête de Joseph, sur le front de l'Élu de ses frères !

27 Benjamin est un loup ravisseur : le matin il s'assouvit de carnage, le soir il partagera le butin."

28 Tous ceux-là sont les douze tribus d'Israël ; et c'est ainsi que leur père leur parla et les bénit, dispensant à chacun sa bénédiction propre.

29 Et il leur donna ses ordres en disant : "Je vais être réuni à mon peuple ; ensevelissez-moi auprès de mes pères dans le caveau qui fait partie du domaine d'Éfrôn le Héthéen ;

30 dans ce caveau qui appartient au territoire de Makhpêla, en face de Mamré, dans le pays de Canaan, territoire

qu'Abraham acheta d'Éfrôn le Héthéen, comme sépulture héréditaire.

31 Là furent enterrés Abraham et Sara son épouse ; là furent enterrés Isaac et Rébecca son épouse et là j'ai enterré Léa.

32 L'acquisition de ce territoire et du caveau qui s'y trouve a été faite chez les Héthéens."

33 Jacob, ayant dicté à ses fils ses volontés dernières, ramena ses pieds dans sa couche ; il expira et rejoignit ses pères.

CHAPITRE CINQUANTE

Joseph se précipita sur le visage de son père et le couvrit de pleurs et de baisers.

2 Joseph ordonna aux médecins, ses serviteurs, d'embaumer son père ; et les médecins embaumèrent Israël.

3 On y employa quarante jours ; car on emploie autant de jours pour ceux qu'on embaume. Les Égyptiens portèrent son deuil soixante-dix jours.

4 Les jours de son deuil écoulés, Joseph parla ainsi aux gens de Pharaon : "De grâce, si j'ai trouvé faveur à vos yeux, veuillez porter aux oreilles de Pharaon ces paroles :

5 Mon père m'a adjuré en ces termes : 'Voici, je vais mourir ; dans mon sépulcre, que j'ai acquis dans le pays de Canaan, là même tu m'enseveliras.' Et maintenant, je voudrais partir, j'ensevelirai mon père et je reviendrai."

6 Pharaon répondit : "Pars et ensevelis ton père ainsi qu'il t'a adjuré."

7 Joseph partit pour ensevelir son père. Il fut accompagné par tous les officiers de Pharaon qui avaient vieilli à sa cour, par tous les anciens du pays d'Égypte,

8 par toute la maison de Joseph, par ses frères et par la maison de son père. Leurs enfants seuls, avec leur menu et leur gros bétail, restèrent dans la province de Gessen.

9 Il y eut à sa suite et des chars et des cavaliers ; le convoi fut très considérable.

10 Parvenus jusqu'à l'Aire-du-Buisson, située au bord du Jourdain, ils y célébrèrent de grandes et solennelles funérailles et Joseph ordonna en l'honneur de son père un deuil de sept jours.

11 L'habitant du pays, le Cananéen, vit ce deuil de l'Aire-du-Buisson et ils dirent : "Voilà un grand deuil pour l'Égypte !" C'est pourquoi on nomma Abêl-Miçrayim ce lieu situé de l'autre coté du Jourdain.

12 Ses fils agirent à son égard, ponctuellement comme il leur avait enjoint :

13 ils le transportèrent au pays de Canaan et l'inhumèrent dans le caveau du champ de Makhpêla, ce champ qu'Abraham avait acheté comme possession tumulaire à Éfrôn le Héthéen, en face de Mambré.

14 Joseph, après avoir enseveli son père, retourna en Égypte avec ses frères et tous ceux qui l'avaient accompagné pour ensevelir son père.

15 Or, les frères de Joseph, considérant que leur père était mort, se dirent : "Si Joseph nous prenait en haine ! S'il allait nous rendre tout le mal que nous lui avons fait souffrir !"

16 Ils mandèrent à Joseph ce qui suit : "Ton père a commandé avant sa mort, en ces termes :

17 'Parlez ainsi à Joseph : Oh ! Pardonne, de grâce, l'offense

de tes frères et leur faute et le mal qu'ils t'ont fait !' Maintenant donc, pardonne leur tort aux serviteurs du Dieu de ton père !" Joseph pleura lorsqu'on lui parla ainsi.

18 Puis, ses frères vinrent eux-mêmes tomber à ses pieds, en disant : "Nous sommes prêts à devenir tes esclaves.

19 Joseph leur répondit : Soyez sans crainte ; car suis-je à la place de Dieu ?

20 Vous, vous aviez médité contre moi le mal : Dieu l'a combiné pour le bien, afin qu'il arrivât ce qui arrive aujourd'hui, qu'un peuple nombreux fût sauvé.

21 Donc, soyez sans crainte : j'aurai soin de vous et de vos familles." Et il les rassura et il parla à leur cœur.

22 Joseph demeura en Égypte, lui et la famille de son père et il vécut cent dix ans.

23 Il vit naître à Éphraïm des enfants de la troisième génération ; de même les enfants de Makir, fils de Manassé, naquirent sur les genoux de Joseph.

24 Joseph dit à ses frères : "Je vais mourir. Sachez que le Seigneur vous visitera et vous ramènera de ce pays dans celui qu'il a promis par serment à Abraham, à Isaac et à Jacob."

25 Et Joseph adjura les enfants d'Israël en disant : "Oui, le Seigneur vous visitera et alors vous emporterez mes ossements de ce pays."

26 Joseph mourut âgé de cent dix ans ; on l'embauma et il fut déposé dans un cercueil en Égypte.

Copyright © 2020 par FV Éditions
ISBN -Ebook : 979-10-299-0890-3
ISBN - Couverture souple : 9798642250402
ISBN - Couverture rigide : 979-10-299-0891-0
Tous Droits Réservés

*

Également Disponible

www.ingramcontent.com/pod-product-compliance
Lightning Source LLC
LaVergne TN
LVHW091543070526
838199LV00002B/180